En las Puertas del Cielo

Rebecca Springer

Whitaker House

Nota del editor:
Esta nueva edición Whitaker House ha sido actualizada para el lector moderno. Palabras, expresiones y estructura gramatical se han revisado para mayor claridad y legibilidad.

Todas las citas bíblicas están tomadas de la versión *Santa Biblia, Reina-Valera 1960* (RVR) © 1960 Sociedades Bíblicas en América Latina; © renovado 1988 Sociedades Bíblicas Unidas. Utilizado con permiso.

Traducción al español realizada por:
Belmonte Traductores
Manuel de Falla, 2
28300 Aranjuez
Madrid, ESPAÑA
www.belmontetraductores.com

En las Puertas del Cielo
(Publicado originalmente en inglés bajo los títulos:
Within Heaven's Gates y *Intra Muros*)

ISBN: 978-1-60374-271-9
Impreso en los Estados Unidos de América

Whitaker House
1030 Hunt Valley Circle
New Kensington, PA 15068
www.whitakerhouse.com

Para comentarios sobre este libro o para información acerca de otros libros publicados por Whitaker House, favor de escribir via Internet a: publisher@whitakerhouse.com.

1 2 3 4 5 6 7 8 9 ꟺ 16 15 14 13 12 11

Contenido

PREFACIO DE LA AUTORA

Este volumen no es un esbozo de fantasía, escrito para matar el tiempo, sino más bien la narración de una experiencia verdadera, aunque muy condensada, en la que mi vida pendía en la balanza entre el tiempo y la eternidad, con la balanza inclinada hacia el lado de la eternidad.

Soy dolorosamente consciente del hecho de que nunca podré pintar las escenas tal y como las vi durante esos maravillosos días. Si tan sólo puedo mostrar débilmente la cercana unión entre las dos vidas, la mortal y la divina, tal y como las vi, entonces quizá sea capaz de rasgar parcialmente el velo de la muerte que tanto tememos. De esta manera puedo mostrarlo como una puerta abierta hacia una fase nueva y hermosa de la vida que ahora vivimos.

Debo decir que esta gloriosa visión del cielo no es necesariamente una revelación definitiva o exacta de lo que será el cielo. Según lo que aprendí, el cielo consiste parcialmente en esas cosas que nos causan la mayor felicidad en la tierra, maravillosamente glorificadas por la presencia del Maestro. En este sentido, mi visión no es la visión de todo el mundo.

Si alguna de las escenas narradas pareciera irreverente a la luz de nuestra formación cristiana aquí, tan sólo puedo decir: "Lo estoy relatando tal como me llegó". En esas horas felices y extrañas, la cercana unión de las dos vidas, arropadas con el atento cuidado del Padre y su tierno amor, me llenaron de un gozo inexplicable. La reunión de amigos, los deseos satisfechos y las agradables sorpresas: todo estaba intensificado e iluminado por la reverencia, el amor y la adoración que todos los corazones le daban al bendito. La Trinidad se me apareció como el más perfecto destello de esa "vida bendita" con la que cariñosamente soñamos. Quiero presentar esta narración imperfecta de la visión más perfecta con la esperanza de que pueda consolar y levantar a aquellos que la lean.

—R.R.S.

Capítulo 1

Comienza el viaje

A cientos de kilómetros de distancia de mi casa y mis amigos, estuve enferma durante muchas semanas. Me encontraba totalmente entre extraños, y la única persona que me ayudaba, aunque era muy amable, sabía muy poco sobre el cuidado de enfermos. Como resultado, no tuve ninguna de las muchas delicadas atenciones que mantienen las escasas fuerzas de una persona inválida. No recibí alimento alguno durante casi tres semanas, tan sólo un poco de agua, y tanto mis fuerzas como mi carne fueron mermadas. Incluso parecía que a veces la conciencia me abandonaba por completo.

Tenía un anhelo indecible de la presencia de mis seres queridos lejanos. Necesitaba el cariñoso toque de sus manos y sus susurros de amor y valentía. Pero nunca llegaron; no podían. Sus quehaceres y responsabilidades, los cuales yo sentía que no podían descuidar, mantenían lejos a aquellos seres queridos, y no los quise llamar.

Yacía tumbada en una habitación grande y cómoda, en la segunda planta de una casa en Kentville, Canadá. La cama estaba en una alcoba al final del apartamento y tenía enfrente una gran vidriera de colores que daba a una terraza con vistas a la calle. Durante gran parte de mi enfermedad, estuve tumbada con mi rostro hacia esa ventana y mi espalda hacia la habitación. Recuerdo que pensaba en lo fácil que sería salir a la terraza, si alguien quisiera.

Cuando el anhelo por tener las caras y las voces tan queridas se convertía en algo insoportable para mí, oraba para que el amado Cristo me ayudara a reconocer su bendita presencia. Como los seres queridos de la tierra no podían ministrarme, anhelaba ser consolada por otros seres queridos que son "espíritus ministradores".

Una visión

En especial pedí que me sostuviera en el caso de que debiera ser llamada a pasar a través de las oscuras aguas yo sola. No fue una oración infundada, y la respuesta llegó rápidamente. Todas mis necesidades y preocupaciones se fueron de mí, como una túnica desgastada, y la paz, la paz de Cristo, me envolvió. Estaba dispuesta a esperar el tiempo de Dios para la llegada de esas personas tan queridas para mí, y a menudo me decía: "Si no es aquí, será allí. Allí no hay miedo ni decepción".

En esos maravillosos días de sufrimiento agónico y gran paz, sentí que verdaderamente había encontrado, como nunca antes, el refugio de los "brazos eternos". Ellos me levantaron, me sostuvieron, me envolvieron. Descansé en ellos como una niña cansada descansa en el regazo de su madre.

Una mañana fría, oscura y tormentosa, tras un día y una noche de intenso sufrimiento, me pareció estar de pie en el piso al lado de mi cama enfrente de la vidriera. Había alguien de pie a mi lado. Cuando alcé la mirada, vi que era el hermano favorito de mi esposo, que había "cruzado el río" hacía muchos años.

"¡Mi querido cuñado Frank!", clamé gozosa, "¡qué bien que has venido!".

"Ha sido un placer el poder hacerlo, hermanita", dijo amablemente. "¿Nos vamos?", y me llevó hacia la ventana.

Dejando la vida en la tierra

Giré mi cabeza y miré hacia atrás, a la habitación que sentía estar a punto de dejar para siempre. Mantenía su buen orden habitual: una habitación acogedora y coqueta. La asistente se sentaba junto a la estufa en el rincón más lejano, leyendo cómodamente un periódico. En la cama, girada hacia la ventana, yacía una figura quieta con la sombra de una sonrisa en su pobre y desgastado rostro. Frank me guió amablemente, y yo accedí. Atravesé junto a él la ventana, saliendo a la terraza, y desde ahí, de manera indescriptible, bajamos a la calle. Allí me detuve y dije sinceramente: "No puedo dejar a Will y a nuestro querido niño".

"Ellos no están aquí, querida, sino a cientos de kilómetros de distancia", me respondió.

"Sí, lo sé, pero estarán aquí. Oh, Frank, me necesitarán, ¡deja que me quede!".

"¿No crees que sería mejor si te trajera de vuelta un poco después, cuando lleguen?".

"¿Seguro que lo harás?".

"Seguro, si así lo deseas. Estás cansada por el largo sufrimiento, y un poco de descanso te aportará nuevas fuerzas".

Pensé que tenía razón, así que comenzamos a caminar hacia arriba lentamente por la calle. Había tomado mi mano con su brazo, intentando distraerme mientras caminábamos, pero mi corazón se aferraba a los seres queridos que sentía que no volvería a ver en la tierra. Varias veces me detuve y miré atrás pensativamente por el camino que habíamos recorrido. Él fue muy paciente y amable conmigo, siempre esperando hasta que estaba lista para continuar de nuevo. Finalmente, mi indecisión era tan grande que me dijo de manera gentil: "Estás tan débil que creo que será mejor que te cargue". Sin esperar una respuesta, se detuvo y me levantó en sus brazos como si fuera una niña. Y, como una niña, no opuse resistencia, reclinando mi cabeza sobre su hombro y poniendo mi brazo alrededor de su cuello. Me sentí muy segura, muy contenta de estar a su cuidado. Me pareció tan dulce, después de tanto tiempo luchando sola, tener a alguien que asumía la responsabilidad de cuidar de mí de manera tan tierna.

Entrada al paraíso

Él caminaba con pasos firmes y veloces. Creo que debí de quedarme dormida, porque lo siguiente que supe es que estaba sentada en un rincón protegido hecho con arbustos floreados. Estaba descansando sobre la alfombra de hierba más blanda y hermosa, abundantemente adornada de flores fragantes. Muchas de ellas eran flores que había conocido y me encantaban en la tierra. Me acuerdo de ver heliotropos, violetas, lirios del valle y reseda, con muchas especies similares nada familiares para mí.

Pero, incluso en ese primer momento, observé lo perfecta que era cada planta y cada flor. Por ejemplo, el heliotropo, que en la tierra a menudo crece en largas y abultadas ramitas, allí crecía sobre tallos cortos y lisos. Cada hoja era perfecta, lisa y brillante, en lugar de tener un aspecto duro y áspero. Las flores brotaban de la espesa hierba aterciopelada, con rostros dulces y felices, como invitando a una admiración imposible de retener.

¡Qué escena contemplé mientras permanecía tumbada sobre ese blando y fragante colchón, retirado pero no escondido! Lejos, lejos, más allá del límite de mi vista, se estiraba este maravilloso campo de hierba y flores perfectas. De él crecían igualmente árboles maravillosos, cuyas ramas descolgadas estaban cargadas de exquisitas flores y frutas de muchas clases. Me puse a pensar en la visión de Juan en la isla de Patmos y *"el árbol de la vida"* que crecía en medio del jardín, produciendo *"doce frutos... y las hojas del árbol eran para la sanidad de las naciones"* (Apocalipsis 22:2).

Debajo de los árboles, en muchos grupos contentos, niños pequeños reían y jugaban. Corrían alrededor llenos de gozo y atrapando pájaros de alas brillantes que revoloteaban entre ellos, como si compartieran sus juegos. Por el campo, personas mayores caminaban con un aire de paz y felicidad que incluso yo, una extraña, podía sentir. Todos estaban vestidos de un blanco inmaculado, aunque muchos llevaban ramos de hermosas flores. Cuando observé sus rostros felices y sus túnicas inmaculadas, de nuevo pensé: *"estos son los que han...lavado sus ropas, y las han emblanquecido en la sangre del Cordero"* (Apocalipsis 7:14).

En cada lugar donde miraba, veía, medio escondidas por los árboles, elegantes y hermosas casas de una arquitectura extrañamente atractiva. Pensaba que serían los hogares de los habitantes felices de ese lugar encantador. Veía destellos de fuentes chispeantes en muchas direcciones, y cerca de mí fluía un plácido río, con aguas claras como el cristal. Los caminos que surgían en muchas direcciones a través del campo parecían estar hechos de perlas puras y perfectas, bordeados en cada lado por estrechos riachuelos de agua clara corriendo sobre piedras de oro.

El pensamiento que me abrazaba, sin aliento y sin palabras mientras contemplaba esta escena, era: "¡Pureza, pureza!". No había ni rastro de polvo, ni mancha de deterioro ni en los frutos ni en las flores. Todo era perfecto; todo era puro. La hierba y las flores parecían como si hubieran sido recientemente lavadas por las lluvias del verano, y cada brizna de césped era del verde más intenso. El aire era suave y cálido, aunque tonificante. En vez de luz solar había una gloria dorada y rosácea por todo lugar. Me hacía recordar el resplandor crepuscular de una puesta de sol de verano.

Mientras recuperaba mi aliento con un corto y rápido suspiro de placer, escuché a mi cuñado, que estaba de pie a mi lado, que decía suavemente: "¿Y bien?". Al mirar hacia arriba, descubrí que me estaba mirando con un placer inmenso. En mi gran sorpresa y deleite, me había olvidado totalmente de su presencia.

El río de la vida

Volví a tener consciencia de mí misma con su pregunta, y dije: “Oh, Frank, que yo—”, cuando me sobrecogió un sentimiento de la bondad de Dios y mi propia indignidad. Puse mi rostro entre mis manos y rompí a llorar de una manera incontrolable y muy humana.

“¡Ah!”, dijo mi cuñado, con un tono de remordimiento, “soy un inconsiderado”. Me puso de pie con un gesto amable. “Vamos, quiero enseñarte el río”.

Cuando llegamos a la orilla del río que había a unos pocos metros, el campo encantador llegaba hasta el borde del agua. En algunos lugares vi las flores creciendo plácidamente en lo profundo, entre los guijarros de muchos colores sobre los que se alineaba toda la cuenca del río.

“Quiero que veas esas piedras tan bonitas”, dijo Frank, adentrándose en el agua y animándome a hacer lo mismo.

Yo retrocedí tímidamente: "Me da miedo que esté fría".

"No te preocupes", dijo, con una sonrisa tranquilizadora. "Vamos".

"¿Así como estoy?", pregunté, mirando mi encantadora túnica, la cual descubrí para mi alegría que era similar a aquellas que llevaban las personas que vi en ese lugar feliz.

"Así como estás", dijo con otra sonrisa tranquilizadora.

Por tanto, me animé y también entré en ese plácido río. Para mi gran sorpresa descubrí que tanto la temperatura como la densidad del agua eran casi idénticas a las del aire. Cada vez era más profundo a medida que avanzamos, hasta que sentí las ondas tranquilas y dulces jugando en mi garganta. Al detenerme, Frank dijo: "Avanza un poquito más".

"Me cubrirá la cabeza", razoné yo.

"Bueno, ¿y qué importa?".

"No puedo respirar debajo del agua; me ahogaré".

Hizo con sus ojos un guiño encantador, aunque dijo con seriedad: "Aquí no ocurren esas cosas".

Me di cuenta de lo absurda que era mi posición, y con una risa contenta dije: "De acuerdo". Después me zambullí de cabeza en el agua brillante, la cual pronto me cubría varios metros por encima de mi cabeza. Para mi sorpresa y deleite, descubrí que podía respirar, reír, hablar, ver y oír debajo del agua de manera tan natural como lo hacía fuera de ella. Me senté entre las piedras de colores y llené con ellas mis manos como lo hubiera hecho una niña. Mi cuñado estaba tumbado sobre ellas, como lo hubiera hecho en un campo de césped, y se reía y hablaba gozosamente conmigo.

"Haz esto", dijo, frotando sus manos sobre su rostro y pasando sus dedos a través de su pelo negro. Lo hice tal y como me dijo, y la sensación fue muy placentera. Me remangué y froté mis brazos, luego mi garganta. De nuevo metí mis dedos entre mi pelo largo y suelto, pensando a la vez lo enredado que estaría cuando saliera del agua. Luego me vino el pensamiento, cuando nos levantamos para regresar: "¿Qué vamos a usar como toallas?", porque los pensamientos terrenales aún estaban en mí. También me preguntaba si la encantadora túnica se habría estropeado. Pero al acercarnos a la orilla y salir del agua, en el momento en que el aire golpeó mi rostro y mi cabello, me di cuenta de que no necesitaría ni toalla ni cepillo. Mi carne, mi cabello e incluso mi hermosa túnica estaban tan suaves y secos como antes de mojarlos.

El material del que estaba hecha mi túnica era como ninguna otra cosa que jamás hubiera visto. Era blando y ligero, y resplandecía con un pequeño lustre, recordándome más al crespón de seda que a cualquier otra cosa que pudiera pensar, sólo que infinitamente más bonito. Reposaba sobre mí con unos pliegues blandos y elegantes, a los cuales parecía que el agua les había dado aún más lustre que antes.

"¡Qué agua tan maravillosa! ¡Qué aire tan maravilloso!", le dije a Frank mientras estábamos de pie sobre el campo lleno de flores. "¿Todos los ríos aquí son como éste?".

"No exactamente iguales, pero similares", respondió.

Caminamos unos pasos más, y luego me giré para volver a ver el río resplandeciente fluyendo en total calma. "Frank, ¿qué me ha hecho ese agua? Me siento como si pudiera volar".

Él me miró con ojos tiernos y vivos, mientras me respondía con gentileza: "Ha lavado el último resquicio de vida terrenal que había en ti y te ha preparado para la nueva vida a la que acabas de entrar".

"¡Es divino!", susurré.

"Sí, *es* divino", dijo él.

Capítulo 2

Mi hogar celestial

Caminamos durante cierta distancia en silencio, mientras mi corazón luchaba con los pensamientos de la nueva y extraña vida y mis ojos bebían de una fresca belleza en cada paso. Las casas, a medida que nos acercábamos y pasábamos a su lado, me parecían tremendamente hermosas. Estaban construidas del mármol más fino y rodeadas de anchas terrazas. Los tejados o cúpulas estaban soportados por columnas, o bien gigantes o delicadas.

Escaleras de caracol guiaban a caminos de perlas y dorados. El estilo de la arquitectura era distinto a todo lo que jamás hubiese visto. Las flores y viñas que crecían exuberantes por todo lugar excedían en belleza a las más hermosas que jamás hubiera soñado. Había rostros felices que salían de esas paredes con columnas, y voces felices resonaban en el aire claro de esos hogares celestiales.

"Frank, ¿dónde vamos?", pregunté.

"A casa, hermanita", respondió tiernamente.

"¿A casa? ¿Tenemos una casa? ¿Es parecida a éstas?", pregunté, con un gran deseo en mi corazón de gritar de gozo.

La mansión de Rebecca en el cielo

"Ven y ve", fue su única respuesta, mientras se giraba hacia un camino lateral que llevaba hacia una casa exquisitamente hermosa, cuyas columnas de mármol gris claro brillaban entre el verde de los árboles que sobresalían con la más atrayente belleza. Antes de que pudiera unirme a él, oí una voz familiar que decía: "¡Tenía que ser la primera en darte la bienvenida!". Al mirar a mi alrededor, vi el rostro amado de mi querida amiga, la Sra. Wickham.

"¡Oh! ¡Oh!", grité, mientras nos fundíamos en un caluroso abrazo.

"Tendrá que perdonarme, coronel Springer", dijo un momento después, dándole cordialmente su mano a mi cuñado. "Me parece imperdonable interceptarle así, casi en la primera hora, pero oí que ella venía, y no me pude esperar. Ahora que he visto su rostro y he escuchado su voz, seré paciente hasta que pueda compartir con ella una conversación muy, muy larga.

"Tiene que venir y verla, ahora", dijo Frank cordialmente.

"¡Ven, ven!", le insistí yo.

"No, queridos amigos, ahora no. Ya sabes, querida Florecita" (mi diminutivo cariñoso de hacía años), "¡tenemos toda la eternidad por delante! ¿Pero me la traerá de regreso pronto, coronel Springer?", dijo ella.

"Lo antes que pueda, querida señora", respondió, con una mirada expresiva en sus ojos.

"Sí, entiendo", dijo ella tiernamente. Después, con un caluroso apretón de manos y la frase de despedida: "Vuelve pronto", desapareció rápidamente de mi vista.

"¡Bendita mujer!", dije. "¡Qué alegría verla de nuevo!".

"Su hogar no está lejos de aquí. Podrás verla a menudo. Sin duda es una mujer amorosa. Ahora ven, hermanita, deseo darte la bienvenida a nuestro hogar". Tomó mi mano y me ayudó a subir los escalones hasta la amplia terraza. Su precioso piso con incrustaciones era de un mármol raro y costoso, y sus grandes columnas eran plateadas. Entre las columnas había viñas cubiertas de hojas verdes brillantes, mezcladas con flores de un color exquisito y un delicado perfume que colgaban formando pesadas guirnaldas. Nos detuvimos un instante allí para que yo pudiera ver la encantadora vista que se apreciaba en todas direcciones.

"¡Es celestial!", dije.

"Es celestial", respondió él. "No podía ser de otra forma".

Sonreí reconociendo esa verdad; mi corazón estaba demasiado lleno para decir nada.

"Toda la casa, por abajo y por arriba, está rodeada de estas amplias terrazas. Pero, entra".

Arte divino

Él me llevó a través de una entrada, entre las columnas de mármol, para entrar a un gran recibidor, cuyo piso incrustado, su ventana dividida con parteluz y su escalera ancha y baja me cautivó al instante. Antes de poder hablar, Frank se giró hacia mí y, tomando mis dos manos, dijo: "¡Bienvenida, mil veces bienvenida, querida Rebecca, a tu hogar celestial!".

"¿Es cierto que este hermoso lugar es mi casa?", pregunté.

"Sí, querida", respondió. "Lo construí para ti y para mi hermano, y te aseguro que ha sido un trabajo de amor".

"Es tu casa, ¿y yo me voy a quedar contigo?", pregunté un tanto confundida.

"No, es tu casa, y yo voy a estar contigo hasta que llegue mi hermano".

"¡Siempre, querido Frank, siempre!", clamé, aferrándome a su brazo.

Él sonrió y dijo: "Disfrutaremos el presente. Nunca volveremos a estar alejados. Ven, estoy deseoso de enseñarte el resto".

Girando a la izquierda, me llevó por las hermosas columnas de mármol que hacían la función de entrada hacia una habitación grande y rectangular. Me detuve contemplando con deleite el umbral. Todas las paredes y los pisos de la habitación también estaban hechos de ese mármol gris claro exquisito, pulidas hasta su mayor lustre. Pero sobre las paredes y los pisos había tapizadas rosas preciosas de tallos largos de todas las variedades y colores, desde el carmesí más profundo hasta los tonos de rosa y amarillo más suaves.

“Entra”, dijo Frank.

“No quiero aplastar estas flores tan bonitas y perfectas”, respondí.

“Bueno, entonces, imagina que tomamos algunas de ellas”.

Me detuve para tomar una del piso cerca de mis pies, cuando me di cuenta de que estaban incrustadas en el mármol. Lo intenté con otra, pero obtuve el mismo resultado. Luego me giré a Frank, y dije: “¿Qué significa esto? ¿No me irás a decir que ninguna de estas flores es natural?”.

Él movió su cabeza con una sonrisa de agrado y luego dijo: “Esta habitación tiene una historia. Entra y siéntate conmigo sobre el asiento de esta ventana, donde puedes ver toda la habitación, y déjame contártela”. Hice lo que me dijo, y luego continuó: “Un día, mientras estaba yo trabajando mucho en esta casa, un grupo de jóvenes, chicos y chicas, llegaron a la puerta y me preguntaron si podían entrar. Yo asentí alegremente. Luego uno de ellos dijo: ‘¿Es esta la casa para el Señor y la Señora Springer?’.

"'Así es', respondí.

"'Les conocíamos y les amábamos. Son amigos nuestros y de nuestros padres. ¿Podemos hacer algo para ayudarle a que esté bonita?'.

"'Claro que pueden', dije, tocado por la petición. '¿Qué pueden hacer?'.

"Todas las chicas a la vez, que tenían unos ramos de rosas inmensos en sus manos, comenzaron a tirar las flores al piso y contra las paredes. Para mi sorpresa, donde impactaban con las paredes y pisos, ahí se quedaban, como si hubieran estado allí permanentemente. Cuando esparcieron todas las rosas, la habitación quedó como la ves ahora, sólo que entonces las flores eran rosas recién cortadas.

"Luego los chicos sacaron un pequeño estuche de delicadas herramientas. En un momento estaban todos agachados en el piso de mármol, trabajando con mucho afán. Cómo lo hicieron, no lo sé; es una de las artes celestiales, enseñada a aquellos que tienen gustos muy artísticos, pero incrustaron cada flor viva según había caído. Las preservaron en el mármol tal y como lo ves. Vinieron varias veces hasta que terminaron el trabajo, porque las flores no se secan si se marchitan aquí, sino que siempre están frescas y perfectas.

"Nunca he visto un grupo de jóvenes tan alegres y contentos. Se reían, charlaban y cantaban mientras trabajaban. No podía dejar de desear que más de uno de los amigos que habían estado de luto por ellos pudieran estar en este alegre grupo y ver los pocos motivos que tenían para su dolor.

"Finalmente, cuando terminaron, me llamaron para ver su trabajo. Y no escatimé mis alabanzas ni por la belleza de su trabajo ni por su destreza a la hora de llevarlo a cabo. Luego, diciendo que sin duda volverían cuando cualquiera de ustedes dos viniera, se fueron juntos para hacer un trabajo similar".

Me habían estado cayendo las lágrimas por mis mejillas durante gran parte de su relato. Desbordada por la emoción, ya que estaba muy tocada por ese gesto, pregunté: "¿Quiénes son esas personas tan queridas, Frank? ¿Los conoces?".

"Claro, ahora los conozco. Pero eran todos extraños para mí hasta que llegaron aquí esa primera mañana, excepto Lulu Springer".

"¿Quiénes eran?".

"Había tres Marys: Mary Green, Mary Bates, Mary Chalmers, Lulu Springer y Mae Camden. Estas eran las chicas, cada una de ellas encantadora y hermosa. Los chicos, todos muy varoniles, eran chicos elegantes, Carroll Ashland y Stanley y David Chalmers".

Construyendo para la eternidad

"¡Preciosos niños!", dije. "¡Qué poco pensé que mi amor terrenal por ellos me aportaría alguna vez esta felicidad añadida aquí! ¡Qué poco sabemos de los vínculos que unen los dos mundos!".

"¡Ah, sí!", dijo Frank, "eso es. ¡Qué poco sabemos! Si fuéramos conscientes mientras somos mortales de que cada día estamos construyendo para la eternidad, ¡qué diferentes serían nuestras vidas en muchas maneras! Cada palabra amable, cada pensamiento generoso, cada obra desinteresada se convertirá en un pilar de eterna belleza en la vida venidera. No podemos ser egoístas y nada cariñosos en una vida y generosos y amables en la siguiente. Las dos vidas están íntimamente entrelazadas; una no es sino la continuación de la otra. Pero ven a la biblioteca".

Nos levantamos y atravesamos la habitación que, desde ese momento en adelante, iba a tener tantas tiernas asociaciones, y luego entramos en la biblioteca. Era una habitación gloriosa; las paredes estaban repletas desde el techo hasta el piso de libros raros y costosos. Una ventana grande de vidriera se abría sobre la terraza frontal. Una fila semicircular de estanterías, sustentada por unos finos pilares de mármol gris de unos dos metros de altura, ocupaba unos cinco metros en la espaciosa sala principal y se dividía en dos secciones igual de largas. El lado cóncavo del semicírculo de estanterías miraba hacia la entrada de la sala. Cerca dc ella había un bonito escritorio, con todo listo para usarse. Había un bol modesto dorado lleno de claveles rojos cuyo olor picante había notado vagamente durante algún tiempo.

"El escritorio de mi hermano", dijo Frank.

"Y sus flores favoritas", añadí.

"Sí, también. Aquí nunca nos olvidamos de los gustos y preferencias de aquellos a los que amamos".

No me di cuenta de todos los detalles en el momento, pero los fui descubriendo gradualmente a medida que permanecíamos allí, hablando. Mi primera impresión al entrar a la sala fue de una sorpresa genuina al ver los libros.

"¿Por qué tenemos libros en el cielo?", pregunté.

"¿Por qué no?", respondió mi cuñado. "¡Qué ideas tan extrañas tenemos los mortales de los placeres y tareas de esta bendita vida! Tendemos a pensar que la muerte del cuerpo significa un cambio completo para el alma, pero no es así, de ninguna manera. Traemos a esta vida los mismos gustos, los mismos deseos y el mismo conocimiento que teníamos antes de la muerte. Si no fueran suficientemente puros y buenos como para formar parte de esta vida, nosotros mismos puede que no entremos. "¿Para qué valdrían nuestras largas vidas, dedicadas a perseguir cierto conocimiento digno y legítimo, si al morir todo eso no sirviera para nada y comenzáramos esta vida con una línea de pensamiento y estudio totalmente diferente? No, no".

"¡Si pudiéramos entender, como dije antes, que estamos edificando para la eternidad durante nuestras vidas terrenales! Cuantos más puros sean los pensamientos, más nobles serán las ambiciones, más altas las aspiraciones, más alto será también el rango que ocuparemos entre las huestes celestiales. Cuanto más fervientemente sigamos los estudios y tareas de nuestra vida de prueba, mejor preparados estaremos para llevarlos a cabo, hasta terminarlos y perfeccionarlos aquí".

"Pero los libros, ¿quién los escribe? ¿Algunos de ellos son libros que conocemos y que nos gustan abajo?".

"Sin duda, muchos de ellos; de hecho, todos los que de alguna forma nos ayudaron a elevar la mente humana o el alma inmortal. Muchas de las mentes más excepcionales en la tierra, al entrar a esta vida superior, consiguieron unos puntos de vista tan elevados y extendidos que, al perseguirlos con ánimo, escriben para el beneficio de aquellos que no tienen tanto don. Expresan los puntos de vista más elevados y fuertes que ellos mismos adquirieron, permaneciendo así como líderes y maestros en esta vida más excepcional, como lo eran mientras estaban aún en el mundo.

"¿Deberíamos esperar que las grandes almas de aquellos que se han unido recientemente a nuestros rangos, y que ayudaron a tantas vidas en la tierra, dejaran a un lado sus plumas? Claro que no. Cuando hayan aprendido bien sus lecciones, las escribirán para beneficio de otros con menos dones que deben seguir. Los líderes siempre deben ser, en esta vida divina como en la vida primera, líderes y maestros en muchas y variadas líneas de pensamiento. Pero todo este conocimiento vendrá a ti simple y naturalmente mientras crezcas en esta nueva vida".

Capítulo 3

La vida del paraíso

Tras un breve descanso en esa increíble sala entre los libros, Frank me llevó a través de las demás salas de la casa. Cada una era perfecta y hermosa a su manera, y cada una quedó grabada de manera peculiar e imperecedera en mi memoria. Hablaré sólo de otra habitación ahora. Cuando él dejó a un lazo las vaporosas cortinas grises, revestidas de la sombra de ámbar más delicada, que colgaban ante la entrada de columnas de una encantadora habitación del segundo piso de la casa, dijo: "Tu propio lugar especial para descansar y estudiar".

La habitación especial de Rebecca

Toda la segunda planta de la casa por dentro, en vez de estar terminada con mármol gris como la primera planta, estaba terminada con maderas incrustadas de textura de satín fino y un pulido excepcional. La habitación a la que entrábamos ahora era de una belleza exquisita, tanto en diseño como en acabado. Tenía una forma rectangular, con un gran mirador en un extremo, similar a los que había en la biblioteca, parte de la cual estaba directamente debajo de esta habitación.

Dentro de este mirador, en un lado, había un escritorio de marfil macizo con detalles en plata. Enfrente de este había una vitrina bien llena de estanterías de libros del mismo material. Entre los libros encontré muchos de mis autores favoritos.

Buenas alfombras, de color plateado, yacían por todo el piso, y todas las puertas de la habitación eran del mismo matiz y textura que la que había en la entrada.

El armazón de los muebles era de marfil. El tapizado de las sillas y otomanas estaban hechos de tela gris plateada, con el acabado a base del satín más fino. Y los almohadones y cubiertas del refinado sofá estaban hechos de lo mismo.

Había un gran bol de plata forjada sobre la mesa cerca de la ventana frontal, lleno de rosas amarillas y rosas. Su fragancia llenaba el aire. También había varios jarrones excepcionales y delicados llenos de rosas.

Toda la habitación era indescriptiblemente hermosa. La tuve que ver muchas veces antes de comprender del todo lo perfectamente completa que estaba. Todo mi ser se llenó de adoración y agradecimiento por el gran amor que me había guiado a este refugio de descanso, este maravilloso hogar de paz y gozo.

Fruto divino

Luego, visitando este agradable lugar, pasamos por la ventana abierta que daba a la terraza de mármol. Una escalera de mármol artísticamente acabada descendía serpenteando elegantemente desde esta terraza hasta la hierba que había bajo los árboles. No había ningún camino que se acercara a su base, sólo el césped floreado.

Las ramas de los árboles cargadas de frutos colgaban haciendo fácil llegar a ellas desde la terraza, y observé siete tipos distintos de frutos mientras estuve allí esa mañana. Un tipo se parecía a nuestra fina pera Bartlett, sólo que mucho más grande e infinitamente más delicioso de sabor, como pronto descubrí. Otra variedad estaba en racimos. Su fruto también tenía forma de pera pero era más pequeño que el primero y de una consistencia y sabor similar a la mejor crema helada. Un tercer tipo, como una banana en cuanto a su forma, lo llamaban frutos del árbol del pan. Su sabor era similar a nuestros exquisitos rollitos.

A mí me parecía, y realmente resultó ser así, que aquí la comida para la fiesta más elegante se conseguía sin mucho trabajo ni preocupación. Frank juntó algunas de las diferentes variedades y me invitó a probarlas. Lo hice con mucho entusiasmo y refrigerio. Una vez, el sabroso zumo del fruto parecido a la pera (cuyo particular nombre había olvidado, si es que realmente alguna vez llegué a conocerlo), me chorreó abundantemente por las manos hasta llegar a mi vestido. "¡Oh!", grité, "¡he arruinado el vestido!".

Frank se reía mientras decía: "Enséñame las manchas".

Para mi asombro, no pude encontrar ni una sola.

"Mira tus manos", me dijo.

Vi que estaban limpias y frescas, como si hubieran salido del baño.

"¿Qué significa? Mis manos estaban llenas del espeso jugo de la fruta".

"Simplemente", respondió él, "que en este aire las impurezas no pueden permanecer ni un instante. Nada se deteriora, nada se mancha ni se desfigura de manera alguna ni estropea la pureza universal o la belleza de este lugar. En el momento en que el fruto madura y cae, todo lo que no se recoge inmediatamente se evapora al instante, y no quedan ni siquiera las semillas".

Había observado que no había ningún fruto caído bajo los árboles; así que esa era la razón por la que eso no ocurría.

"No entrará en ella ninguna cosa inmunda" (Apocalipsis 21:27), cité pensativamente.

"Sí, ninguna", respondió él, "ninguna".

Reunida con su familia

Bajamos por la escalera y volvimos a entrar en la "sala floreada". Mientras estaba allí de pie admirando una vez más las rosas incrustadas, Frank preguntó: "¿A quién, de todos los amigos que tienes en el cielo, tienes más ganas de ver?".

"A mi madre y mi padre", respondí rápidamente.

Él sonrió de forma tan significativa que me giré apresuradamente. Allí, avanzando por la larga sala para reunirse conmigo, vi a mis queridos papás y con ellos a mi hermana menor. Con un grito de gozo, corrí a los brazos abiertos de mi padre y oí su querido y familiar: "¡Mi preciosa hijita!".

"¡Al fin! ¡Al fin!", grité, abrazándome a él. "¡Al fin te vuelvo a ver!".

"¡Al fin!", repitió él, con un suspiro profundo de gozo. Luego me cedió a mi querida madre, y enseguida nos fundimos en otro abrazo.

"¡Mi preciosa madre!"; "¡Mi querida, querida hija!", gritamos simultáneamente. Mi hermana, envolviéndonos a ambas en sus brazos, exclamó con una risa alegre: "¡No me puedo esperar! ¡No quiero quedarme fuera!". Soltando un brazo, lo coloqué encima de ella formando un feliz círculo de nuestro amor unido.

¡Oh, qué alegría supuso! No soñé que incluso en el cielo pudiera tener un gozo así. Finalmente, Frank, que había compartido nuestro gozo, dijo: "Ahora, te dejaré con esta bendecida reunión, porque tengo otro trabajo que hacer".

"Sí", dijo mi padre, "debes irte. Cuidaremos gozosamente de nuestra querida hija".

"Entonces, adiós", dijo Frank amablemente. "No te olvides que el descanso, especialmente para alguien que ha entrado recientemente en esta nueva vida, no es sólo uno de los placeres, sino una de las tareas del cielo".

"Sí, nos encargaremos de que no se olvide de hacerlo", dijo mi padre, con una mirada y una tierna sonrisa.

Capítulo 4

Encuentro con seres queridos

A medida que me fui acostumbrando más a la vida celestial que me rodeaba, descubrí su hermosura desplegada ante mí como la lenta apertura de una flor excepcional. En cada esquina me encontraba con sorpresas inverosímiles. Una gran amiga, de quien me había separado hacía años en la vida terrenal, vino a mí de forma inesperada, saludándome cordialmente. Otra, quizá muy admirada en la tierra, pero alguien a quien yo había evitado por temor a causar una intrusión no deseada, se acercó a mí, mostrándome su preciosa alma con tanta amabilidad que lamenté mucho ver lo que había perdido.

Luego, la clara revelación de una verdad, entendida sólo de forma parcial en la tierra, aunque la había buscado fervientemente, se me presentó de forma clara y fuerte. Me desbordó con su lustre y quizá revelando el vínculo tan estrecho que hay entre la vida terrenal y la divina.

Pero la sorpresa más maravillosa füe el encuentro ocasional con alguien a quien nunca había imaginado encontrarme "allí". Alguien que, con un gran apretón de manos y lágrimas en sus ojos, me agradeció fervientemente alguna palabra, un solemne aviso o incluso una firme reprensión que le hizo cambiar de rumbo, todo sin yo saberlo, de los caminos pecaminosos a la vida eterna. ¡Oh, qué gozo ver una revelación así! ¡Oh, el lamento de que mi vida terrenal no hubiera estado más llena de ese tipo de trabajo para la eternidad!

Otro encuentro

Mi primer impulso al despertar de un feliz y maravilloso descanso fue correr al río de la vida y sumergirme en sus maravillosas aguas, tan refrescantes, tan vigorizantes, tan inspiradoras. Con un corazón lleno de agradecimiento y labios llenos de una gozosa alabanza, fui allí. Siempre regresaba a nuestro hogar llena de nueva vida, esperanza y propósito.

Una vez, mientras iba de camino al río, vi a una joven encantadora que se acercaba a mí rápidamente con sus brazos abiertos.

"Querida Tía Rebecca", me dijo, mientras se acercaba, "¿no me conoces?".

"¡Mi pequeña Mae!", grité, abrazando a esa delicada criatura en mis brazos. "¿De dónde has salido tan de repente, querida? ¡Déjame verte de nuevo!". Después de ponerla un instante como a un brazo de distancia, la volví a abrazar tiernamente.

"Has crecido mucho hija, y estás guapísima. Puedo decirte esto aquí sin temor, estoy segura. Siempre fuiste encantadora, pero aquí estás sencillamente radiante. ¿Se debe esto a la vida divina?".

"Sí", dijo modesta y dulcemente, "pero principalmente viene dado por estar tan cerca del Salvador".

"Ah, claro, es eso, ¡estar cerca de Él! Eso hace que todo ser esté radiante y hermoso", dije.

"Es tan bueno conmigo, tan generoso, tan tierno. Parece olvidarse de lo poco que he hecho para merecer su cuidado".

"Sabe que le amas, querida. Y eso lo es todo para Él".

"¿Amarle? Oh, si amarle mereciera una recompensa, estoy segura de que tendría todos los deseos de mi corazón, porque le amo más que a nada en la tierra o en el cielo!".

El dulce rostro se iba volviendo cada vez más radiante y hermoso mientras hablaba, y comencé a entender un poquito más el maravilloso poder de Cristo entre los redimidos en el cielo. Esta niña, tan encantadora según todas las virtudes mortales, tan llena de los mejores disfrutes de la tierra durante toda su corta vida, ahora amaba a Cristo más que a cualquier otra cosa. Pura y buena, como describimos la bondad abajo, pero a la vez parecía demasiado absorta en las alegrías de la vida como para pensar profundamente en las cosas que reverenciaba y honraba en su corazón. En esta bendita vida, ella ahora estimaba el privilegio de amar a Cristo, de estar cerca de Él, ¡por encima de cualquier otra cosa!

¡Ese amor refinaba y hermoseaba al dador! Del mismo modo que el amor terrenal siempre brilla a través del rostro y eleva el carácter de aquel que ama, así este amor divino eleva y glorifica al dador. Después, no sólo el rostro, sino toda la persona irradia la gloria que llena la tierra.

Viaje al lago

"Vente conmigo al río, Mae", dije poco después, tras haber hablado juntas, "ven conmigo a darnos un baño muy agradable".

"Con mucho gusto", dijo, "pero ¿alguna vez has ido al lago o al mar?".

"¿El lago o el mar? No, nunca. ¿Hay aquí un lago y un mar?".

"Claro que hay", dijo Mae, con un orgullito perdonable para hacerme saber que conocía más que yo del entorno celestial. "¿Vamos al lago y dejamos el mar para otro momento? ¿Qué piensas?".

"Vayamos al mar", dije yo.

Así pues, girando en una dirección totalmente distinta del camino que llevaba al río, caminamos con gozo, aún conversando mientras caminábamos. Teníamos mucho que hablar, mucho que recordar, ¡mucho que anticipar con gozo!

En un momento se giró hacia mí y me preguntó rápidamente: "¿Cuándo llegará mi tío Will?".

Apreté su mano con fuerza, y un sollozo estuvo a punto de brotar en mi garganta, aunque respondí calmadamente: "Eso sólo está en las manos de Dios. Mejor no lo preguntemos".

"Sí, sé que su voluntad siempre es justa; pero tengo muchos deseos de ver a mi querido tío nuevamente, y anhelar no es estar disconforme".

Se había hecho toda una mujercita, tan sabia, esta jovencita tan tierna, desde que nos separamos. Realmente significó un gozo hablar con ella. Le conté mi partida de la tierra y el dolor de los seres queridos que había dejado allí.

"¡Sí, sí, lo sé todo!", susurró ella, rodeándome con sus brazos tiernos. "Pero no habrá que esperar mucho. Pronto vendrán. Aquí parece que no hay que esperar demasiado para nada. Siempre hay muchas cosas que nos mantienen ocupadas, hay muchas tareas agradables, muchas alegrías. ¡No se hará larga la espera!".

La gloria dorada del cielo

Así ella me animaba y consolaba mientras caminábamos por los parajes siempre distintos y perfectos. Luego gritó a lo lejos, alzando su brazo y señalando con su dedo rosáceo: "¡Mira! ¿Acaso no es divinamente hermoso?".

Contuve la respiración, y luego me detuve repentinamente y cubrí mi rostro con mis manos para proteger mis ojos de la gloriosa escena. No es de extrañar que Frank no me hubiera traído a este lugar antes. Yo apenas era lo suficientemente fuerte espiritualmente como para contemplarlo. Cuando volví a levantar mi cabeza lentamente, Mae estaba de pie como si estuviera hechizada. La luz dorada reposaba sobre su rostro y, mezclada con su resplandor interno, casi pareció transfigurarse. Incluso ella, después de vivir allí desde hacía tanto tiempo, aún no se había acostumbrado del todo a esa gloria.

"¡Mira, querida Tía! Es la voluntad de Dios que mires". Susurraba dulcemente, sin apartar ni un instante sus ojos de la escena que tenía ante ella. "¡Él me ha concedido ser yo quien te muestre la gloria de este lugar!".

Yo me giré y miré, como alguien que se acaba de despertar. Ante nosotros había un lago tan liso como el cristal, pero lleno de una gloria dorada procedente de los cielos.

Era como un mar de oro derretido. Los árboles con flores y frutos llegaban hasta el mismo borde en muchas partes. Lejos, muy lejos, al otro lado de sus aguas brillantes, se vislumbraban las cúpulas y agujas de lo que parecía ser una gran ciudad.

Había muchas personas descansando sobre sus bancos de flores, y sobre la superficie del agua había barcos de una estructura maravillosa, llenos de almas felices e impulsadas por un motor invisible. Los niños, y también los adultos, flotaban o nadaban en el agua. Al mirar, un grupo de querubines cantores, flotando muy por encima de sus cabezas, cruzaban el lago, y con sus dulces voces alabando con notas alegres giraron hacia donde nos encontrábamos nosotras.

"Vamos", dijo Mae, tomándome de la mano, "unámonos a ellos". Avanzamos apresuradamente.

"¡Gloria y honor!", cantaban las voces como de niño. "¡Dominio y poder!", rápidamente respondieron las voces de la gran multitud allí congregada. Y me di cuenta de que Mae y yo nos habíamos unido al estribillo. La banda de querubines avanzaba flotando. Lejos, en la distancia, oímos la débil melodía de sus dulces voces y la fuerte cadencia de la respuesta de los que esperaban debajo.

Estábamos de pie a la orilla del lago. Mis mejillas estaban manchadas de lágrimas y mis ojos borrosos por la emoción. Me sentí débil como una niña. ¡Pero qué éxtasis, qué gozo tan indescriptible me sobrevino, apoderándose de mí! ¿Acaso estaba soñando? ¿O sin duda era esta otra fase de la vida inmortal?

Mae me abrazó por el cuello y me susurró: "Querida, ven. Después del éxtasis, descansa".

Cedí a su petición de manera pasiva, pues no podía hacer otra cosa. Ella me adentró en el agua, adentro, en sus profundidades cristalinas. Cuando me parecía que debíamos estar a cientos de metros debajo de la superficie, se postró y me mandó hacer lo mismo, e inmediatamente comenzamos a elevarnos lentamente. Entonces descubrí que ya no nos elevábamos, sino que estábamos flotando lentamente en mitad de la corriente, aún a muchos metros por debajo de la superficie.

Luego se me apareció una maravilla. Dondequiera que mirase, me rodeaban unos rayos prismáticos perfectos. Me parecía estar descansando en el corazón de un prisma. Mis ojos mortales jamás habían visto unos colores tan vivos y a la vez tan delicados. En vez de los siete colores, como los vemos en la tierra, los colores se mezclaban con una excepcional gama de tonos que hacían que los rayos parecieran casi infinitos, si es que no lo eran, porque realmente no sabría distinguirlo.

Música celestial

Mientras yacía contemplando ese maravilloso panorama, los colores se intensificaban y debilitaban como las luces de la aurora boreal. Aunque Mae y yo ya no estábamos juntas, no nos apartábamos la una de la otra, como se supone que debería pasarnos. En cambio, estábamos allí tumbadas tranquilamente hablando a una pequeña distancia la una de la otra, aunque hablábamos más bien poco, ya que el silencio nos parecía demasiado sagrado como para romperlo a la ligera. Nos tumbamos sobre el agua, o más bien dentro, como si estuviéramos sobre el más cómodo de los sofás. No nos suponía esfuerzo alguno mantenernos a flote. La suave ondulación de las olas nos relajaba y nos daba descanso.

También me atraía el sonido de la música distante. Al captar mi atención, me giré y miré a Mae. Me sonreía pero sin hablarme. Al rato oí las palabras: "Gloria y honor, dominio y poder", y supe que aún era el coro de querubines, aunque ahora debían estar a kilómetros de distancia. Luego, los dulces tonos de una campana, una campana de plata con una lengua de plata, resonó en mis oídos. Al término de las últimas notas, susurré: "Dime, Mae". "Sí, querida, lo haré. Las aguas de este lago captan la luz de una forma maravillosa, como has visto. Una persona más sabia que yo debe decirte por qué. También transmiten sonidos musicales, sólo sonidos musicales, a una gran distancia. La canción provenía evidentemente de la otra orilla del lago".

"¿Y la campana?".

"Esa es la campana que hay en la ciudad al otro lado del lago. Nos llama a ciertas actividades celestiales".

"Nunca había oído una llamada a la actividad tan dulce", dije yo.

"Sí, sus notas son hermosas. ¡Escucha! Ahora se oye un carrillón".

Nos tumbamos y escuchamos. Al oír, me envolvió una dulce paz, y descansé con la paz de una niña en el regazo de su madre. Me desperté con una extraña sensación de vigorosidad y fuerza. Era un sentimiento totalmente distinto al que experimenté durante mi baño en el río, pero a la vez no podía explicar cómo.

Mae me dijo: "El río se lleva lo último de la vida terrenal y nos prepara para la vida a la que entramos. El lago nos llena para que desbordemos con una ducha de la propia vida celestial".

Y creo que la niña tenía razón.

¡Sin preocupación!

Cuando emergimos del agua, vimos que las orillas del lago estaban casi desiertas, ya que todos se habían ido a sus actividades felices. Grupos de niños seguían jugando con alegre libertad. Algunos se subían a los árboles que colgaban por encima del agua con la agilidad de ardillas y se dejaban caer, con alegres gritos y risas, en el lago, flotando sobre la superficie como inmensas hojas de nenúfares o flores de loto.

"¡No hay temor al sufrir daños o peligros! ¡No hay temor de la enfermedad o preocupación de que pueda ocurrir un contratiempo! ¡Seguridad! ¡Seguridad! ¡Y gozo y paz! No cabe duda de que esta es una vida bendita", dije yo, mientras estábamos de pie observando a los niños felices.

"¡A menudo pienso en cómo nos enseñaron a creer que el cielo era un lugar donde llevaríamos coronas de oro y estaríamos con arpas siempre en nuestras manos! Nuestras coronas de oro son los halos de su bendita presencia derramada sobre nosotros, y no necesitamos arpas para acentuar nuestras canciones de alabanza. Vemos las coronas, y oímos las arpas angelicales, cuando y como Dios quiere, pero nuestra mejor adoración es hacer su bendita voluntad", dijo Mae mientras nos girábamos para irnos.

"Hija, eres sabia en lo vida del cielo", respondí yo. "¡Qué feliz estoy de aprender de alguien tan querido para mí! Cuéntame sobre tu vida aquí".

Así, mientras caminábamos, me contó la historia de su tiempo en el cielo: sus tareas, sus gozos, sus amigas, su casa. Descubrí que su casa estaba lejos de la nuestra, mucho más allá de las agujas de la gran ciudad al otro lado del lago, pero añadió: "¿Qué es la distancia en el cielo? Vamos y venimos a nuestro antojo. No nos fatigamos, no hay prisa y no hay retrasos. ¡Es una bendición, una bendición!”.

“¿Cuándo veré al Salvador? ¿Cuándo me reuniré, cara a cara, con Aquel a quien ama mi alma?”. Mi hambriento corazón comenzó a clamar en lo más profundo.

Mae, casi como si entendiera el silencioso clamor, colocó ambos brazos alrededor de mi cuello, me miró con ternura a los ojos, y susurró: “Tú también, querida, le verás pronto. Él nunca se retrasa cuando llega el tiempo perfecto de su llegada. No será dentro de mucho. Tú también le verás pronto”.

Así, nos separamos, cada una a nuestras tareas.

Capítulo 5

Encuentro con el Maestro

Finalmente, Frank me dijo: "¿Quieres que vayamos ahora a hacer la prometida visita a la Sra. Wickham?".

"¡Claro, vayamos!", respondí con entusiasmo. Así, al instante nos pusimos en marcha.

Pronto llegamos a su encantador hogar y la encontramos esperando en la entrada como si nos estuviera esperando a nosotros. Después de saludar cordialmente a nuestra amiga, Frank dijo: "Dejaré que den ese largo paseo juntas que sé que tanto desean. Yo debo ir a realizar otras tareas. Te veré en casa, querida hermana".

"De acuerdo", respondí, "ya conozco el camino y no necesito ayuda".

Una agradable visita

Cuando él se fue, mi amiga me enseñó su encantador hogar, mostrándome con gran placer las habitaciones preparadas para cada miembro amado de su familia terrenal que aún faltaban por llegar. Una habitación muy grande estaba evidentemente bajo su especial cuidado. Me susurró: "A Douglas siempre le gustaron las habitaciones grandes. Estoy segura de que le encantará esta". Y yo también estaba segura.

Regresamos de bajada por la amplia escalera para entrar a una habitación de música muy grande con amplias galerías soportadas por columnas de mármol que cruzaban por tres lados de la misma. En esta galería había muchos instrumentos musicales: arpas, violas e instrumentos muy diferentes que yo nunca antes había visto. La habitación misma estaba llena de sillas, sillones y asientos junto a las ventanas donde los oyentes podían descansar y oír las dulces armonías de las galerías.

"Mi hija", me explicó mi amiga, "que nos dejó cuando era niña, ha recibido un delicado entrenamiento musical aquí. Le gusta mucho juntarse con sus amiguitas y obsequiarnos con un regalo muy musical. Sabes que nuestra vieja casa de Springville ha proporcionado algunas voces excepcionales para los coros celestiales. Mary Allis, Will Griggs y otros muchos que oirás a menudo en esta habitación, creo yo".

Salimos de esta habitación y entramos en el exquisito recibidor sobre la terraza frontal y los escalones de entrada. Aquí, la Sra. Wickman me llevó hasta un asiento a su lado y dijo: "Ahora, cuéntame todo sobre el querido hogar y todos sus benditos habitantes".

Tomadas de la mano mientras hablábamos, ella preguntándome y yo respondiendo, apreciábamos y nos deleitábamos sobre cosas demasiado sagradas como para repetirlas aquí. Al final me dijo, levantándose rápidamente: "Debo irme un momento. No, tú debes quedarte aquí", ya que yo me hubiera levantado, "aún hay mucho que hablar. Espera aquí. Volveré".

Ya había aprendido a no cuestionar el juicio de estas amigas más sabias que yo, así que acepté su petición. Al atravesar la puerta principal de la casa, vi a un extraño en la entrada principal y me levanté para saludarle. Era alto y con una forma imponente, con un rostro de inefable dulzura y belleza. ¿Dónde le había visto antes? Estaba segura de haberle visto antes en otro lugar desde que vine aquí. "¡Ahora recuerdo!", pensé. "Debe ser Juan, el discípulo amado". Me lo señalaron una mañana cuando estaba en la orilla del río.

"Paz sea a esta casa", fue su saludo al entrar.

¡Cuánto me animó y emocionó su voz!

"Entre. Bienvenido. Entre, y llamaré a la señora", dije, mientras me acercaba para darle la bienvenida.

"No, no la llame. Ella sabe que estoy aquí. Volverá", dijo, "siéntese a mi lado un instante", continuó, mientras veía que yo aún estaba de pie después de haber visto que se sentaba. Se levantó y me guió a un asiento muy cerca suyo. Como una niña, yo hice lo que me pidió, aún mirando, siempre mirando, el maravilloso rostro que tenía ante mí.

"¿Ha llegado recientemente?", dijo.

"Sí, llevo aquí muy poco tiempo. Tan poco que no sé cómo referirme al tiempo según lo manejan aquí", respondí.

"No pasa nada", dijo con una amable sonrisa, "muchos conservan el antiguo lenguaje terrenal. Es un vínculo entre las dos vidas. De no ser por eso no lo tendríamos. ¿Le ha impresionado el cambio? ¿Qué le parece la vida aquí?".

"Bueno", dije yo, "¡si ellos lo supieran! Hasta ahora, nunca había entendido del todo el significado del sublime versículo: *'Cosas que ojo no vio, ni oído oyó, ni han subido en corazón de hombre, son las que Dios ha preparado para los que le aman'* (1 Corintios 2:9). Sin duda, es algo más allá de cualquier concepto humano". Lo decía con un profundo sentimiento.

"*¿'Para los que le aman'?* ¿Cree que todos los cristianos verdaderamente le aman?", me preguntó. "¿Cree que aman al Padre por el regalo del Hijo, y al Hijo por el amor y misericordia del Padre? ¿O a menudo su adoración es más una obligación que el fruto de su amor?". Hablaba de forma pensativa y gentil.

"Bueno", dije yo, "usted que conoció tan bien al amado Maestro, usted a quien tanto Él amó. ¿Cómo puede dudar del amor que Él inspira en todos los corazones que quieren conocerle?".

En presencia del Maestro

Un brillo radiante comenzó a extenderse por su maravilloso rostro, el cual levantó, para mirarme directamente. La neblina desapareció delante de mis ojos, ¡y le conocí! Con un bajo grito de gozo y adoración, me arrojé a sus pies, bañándolos con lágrimas de alegría. Él tocó amablemente mi agachada cabeza durante un momento, y luego, poniéndose en pie, me levantó para ponerme a su lado.

"¡Mi Salvador, mi Rey!", susurré, apegándome a Él estrechamente.

"Sí, y Hermano mayor y Amigo", añadió, enjugando tiernamente las lágrimas que había debajo de mis cerrados párpados.

"¡Sí, sí, el señalado entre diez mil y el amado!", volví a susurrar.

"Bueno, ahora comienza a cumplir las condiciones de la nueva vida! Como otros muchos, el cambio de fe a vista ha causado un poco de timidez, un poco de temor. Eso no está bien. ¿Has olvidado la promesa: *'Voy, pues, a preparar lugar para vosotros... para que donde yo estoy, vosotros también estéis'* (Juan 14:2–3)? Si me amabas cuando no podías verme usando la fe, ámame más ahora que realmente te has convertido en coheredera del Padre. Ven a mí con toda esa perplejidad o alegría. Ven al hermano mayor esperando que siempre te recibirá con gozo".

Luego me llevó a un asiento y conversamos largo y tendido, desvelándome muchos de los misterios de la vida divina. Yo me aferraba a sus palabras. Observaba cada tono de su voz. Veía con entusiasmo cada línea de su amado rostro. Y fui exaltada, elevada, animada de tal forma que las palabras no pueden expresar. Finalmente, con una sonrisa divina, se levantó.

"Nos veremos a menudo", dijo Él, y yo, inclinándome, presioné con mis labios reverentemente la mano que aún se aferraba la mía. Después, imponiendo por un momento sus manos para bendición sobre mi cabeza inclinada, se fue sin hacer ruido y rápidamente de la casa.

Mientras de pie observaba cómo se alejaba rápidamente la figura del Salvador pasando por debajo de los árboles llenos de flores, vi dos jovencitas hermosas acercándose en la dirección en que Él iba. Con sus brazos entrecruzados, llegaron felices conversando juntas, las agradables Mary Bates y Mae Camden. Cuando vieron al Maestro, volaron para reunirse con Él dando un grito de alegría. Él abrió sus brazos gozoso para recibirlas. Ellas se giraron, y cada una de ellas tomadas de sus manos, una en cada lado, le acompañaron en su camino.

Mirando confiadamente a su rostros mientras Él hablaba con ellas, parecían estar conversando con Él con alegre libertad. Vi su rostro de vez en cuando en la distancia cuando se giraba y les miraba hacia abajo amorosamente, primero a una, luego la otra, con sus rostros girados hacia arriba. Pensé: "Así es como quiere que estemos con Él, realmente como niños con un querido hermano mayor".

Les observé hasta que los árboles les ocultaron de mi vista, anhelando en mi corazón unirme a las queridas niñas, pero sabiendo que su presencia era, en ese momento, más importante que cualquier otra cosa. Luego me giré y atravesé despacio la casa hasta llegar a la hermosa entrada posterior. Justo antes de llegar a la puerta, me encontré con mi amiga la Sra. Wickham. Antes de poder decir nada, ella dijo: "Lo sé todo. No intentes hablar. Sé que tu corazón está lleno. Te veré pronto. ¡Vamos, ve!", y me empujó amablemente hacia la puerta.

Cómo le bendije en mi corazón, porque realmente parecía un sacrilegio intentar hablar sobre temas ordinarios después de esta bendita experiencia. No seguí el camino, sino que crucé la alfombra de flores que había debajo de los árboles hasta que llegué a casa. Encontré a Frank sentado en la terraza, y según subía los peldaños, se levantó para recibirme. Cuando me miró a la cara, puso sus dos manos en la suya por un instante y simplemente dijo, muy gentilmente: "Vaya, ¡veo que has estado con el Maestro!", y se apartó casi reverentemente para que entrara en casa.

Gloriosa soledad

Me apresuré hacia mi habitación, y me lancé al sofá. Con mis ojos cerrados, reviví cada instante que había pasado en esa sagrada presencia. Recordé cada palabra y tono de la voz del Salvador y me apropié de las instrucciones. Él me había dado algo indeleble para mi memoria. Me pareció como si hubiese sido elevada a un plano más elevado de existencia, como si hubiera bebido verdades más profundas de la fuente de toda bondad, pues me había encontrado con aquel *"al que ama mi alma"* (Cantar de los Cantares 3:1).

Fue una comunión larga y bendita que retuve en mi alma. Me preguntaba por qué no reconocí a Cristo de inmediato, pero llegué a la conclusión de que por algún sabio propósito, mis ojos estaban nublados hasta que le agradó que pudiera verle tal y como es.

Cuando me levanté, la luz delicada y dorada estaba sobre mí. Me arrodillé en mi sofá para ofrecer mi primera oración en el cielo. Mientras me arrodillaba, lo único que podía decir una y otra vez era: "¡Gracias, bendito Padre, gracias, te doy gracias!".

Cuando al fin bajé las escaleras, encontré a mi cuñado de pie en la hermosa habitación de las flores. Me dirigí hacia él, y le dije con dulzura: "Frank, ¿qué hacen ustedes en el cielo cuando quieren orar?".

"¡Alabamos!", respondió él.

"Entonces alabemos ahora", dije.

Alabanzas celestiales

Y ahí de pie, tomados de las manos, elevamos nuestros corazones y nuestras voces en un himno de alabanza a Dios. Frank con su voz clara y fuerte llevaba la voz cantante, y yo le seguía. Con las primeras notas, pensé que el techo estaba provocando un eco, pero pronto descubrí que otras voces se habían unido a las nuestras, hasta que toda la casa parecía estar llena de cantantes invisibles. Era un gran himno de alabanza que la tierra nunca había escuchado. Mientras cantábamos el himno, reconocí a muchas de las voces tan queridas del pasado, como el distinguido tenor Will Grigg, la exquisita soprano Mary Allis y muchas otras voces que despertaron en mí recuerdos del pasado. Luego, al oír dulces voces de niños y mirar hacia arriba, vi sobre nosotros una nube de rostros de querubines radiantes tan grande que mi corazón se llenó de gozo. Era como si la habitación se hubiera llenado de ellos.

"¡Qué vida, qué vida tan divina!", susurré mientras Frank y yo regresábamos a la terraza y nos sentábamos en la luz dorada.

"Tan sólo estás en las primeras páginas de su despliegue", dijo.

"Nos tienen que revelar su bendición gradualmente, o de lo contrario no podríamos estar aquí, soportando su deslumbrante gloria".

Después tuvimos una comunión sagrada cuando Frank hizo que mi alma se adentrara aún más en los misterios de la gloriosa vida en la que ahora había entrado. Me enseñaba, y yo escuchaba. A veces yo hacía preguntas, pero en raras ocasiones. Estaba muy contenta de tomar el maná celestial según me lo estaba dando, con un corazón lleno de gratitud y amor.

Capítulo 6

Llegada a casa de un niño

Una vez, cuando mi cuñado se encontraba lejos en una misión importante, miré fijamente al exterior para ver si podía encontrar a mis queridas amigas que había visto anteriormente. Sabía que todas las cosas estaban correctamente ordenadas en ese mundo feliz, y que tarde o temprano las volvería a encontrar. Sin embargo, tenía muchísimas ganas de que ocurriera muy pronto. Me acordaba de la feliz luz sobre sus jóvenes y frescos rostros cuando se reunieron con el amado Maestro, y anhelaba hablar con ellas. Al pensar en ellas, comencé a pensar de nuevo en mi bendita conversación con Él. Quedé tan absorta en esos pensamientos que no estaba siendo consciente del mundo tan precioso que me rodeaba.

De repente, oí que alguien decía: "¡Es la Sra. Springer!". Al mirar hacia arriba, vi a la dulce Mary Bates a unos pasos de distancia, contemplándome intencionadamente.

Yo grité de alegría: "Mi preciosa Mamie!".

Ella voló hacia mí y me tomó entre sus brazos, acercando mi cabeza a su hombro y acariciándome como antaño, casi llorando de gozo.

"¡Mi querida muzzer!", un apodo que a menudo ella usaba en el feliz pasado. "¡Qué contenta estoy de que estés aquí! Apenas podía esperar para encontrarte".

"¿Cómo supiste que estaba aquí, Mamie?".

"Me lo dijo el Maestro", me dijo suavemente. "Mae ya me lo había dicho, y estábamos tratando de encontrarte cuando nos encontramos con Él. Nos dijo que acababa de estar contigo. Después supimos que debíamos esperar un ratito", dijo reverentemente.

¡Qué emoción sentí en mi corazón! ¡Él había pensado y hablado de mí cuando nos fuimos! Anhelaba preguntarle qué fue lo que dijo, pero no me atreví.

Como si pudiera leer mis pensamientos, continuó: "Habló de ti con mucha ternura y dijo que debemos estar contigo a menudo. Mae tenía trabajo que hacer hoy, y como ya te había visto una vez, he venido yo sola. Quizá venga después. ¿Me puedo quedar un poco más contigo? Tengo muchas cosas que contarte, ¡mucho que preguntarte!".

"Claro que puedes. Había salido a buscarte cuando nos encontramos. Vamos, querida, regresemos ahora a casa".

Consuelo para los que sufren

Así, agarradas la una a la otra, nos dirigimos a mi casa: "¿Qué te cuento primero?", pregunté.

"Todo sobre los seres queridos, cada miembro individual de nuestra querida familia. Comienza con mi preciosa y acongojada madre". Aquí su voz se rompió un poco, pero continuó enseguida. "Si pudiera estar aquí conmigo, si pudiera conocer la sabiduría de Dios y su amor como nosotras lo conocemos, ¡la nube se levantaría de su vida! Podría ver que las dos vidas a fin de cuentas son sólo una".

"Sí, querida", respondí, "yo siempre le animé a pensar en ello así y a confiar implícitamente en el tierno cuidado del Padre y en su amor infalible. Pero es difícil para nosotros ver más allá de la chimenea solitaria y la silla vacía".

"¡Si supiera que sólo necesito eso para que mi felicidad sea completa", dijo. "No podemos sufrir aquí como lo hacíamos en la tierra, porque hemos aprendido a saber que la voluntad del Padre es siempre tierna y buena, pero incluso el cielo no podrá estar completo para mí mientras sepa que mi preciosa madre se olvida de las muchas bendiciones excepcionales, simplemente porque yo no esté con ella en la carne para compartirlas".

"Están mi padre y los chicos, ¡y soy yo tan suya aún como lo son ellos! ¡Mi querida madre! ¿Por qué tiene que verme para reconocer esto? Pero esto es casi quejarme, ¿no es cierto? Algún día lo sabrá todo. Debemos ser pacientes".

La gloria de su presencia

Caminamos lentamente conversando sobre la vida en la tierra, aún en muchas fases tan querida para nosotras, ella haciendo preguntas muy interesada, y yo respondiendo lo mejor que podía. Después vimos un grupo de cuatro personas: tres mujeres y un hombre. Estaban de pie bajo los árboles a poca distancia del camino. El hombre estaba de espaldas a nosotras, pero a una reconocimos que era el Maestro. Las mujeres eran todas ellas extrañas, y parecía que una de ellas acababa de llegar. El Salvador la tenía agarrada de su mano mientras hablaba con ella. Todas estaban escuchando atentamente sus palabras.

Observamos al grupo en silencio mientras pasábamos lentamente, no esperando que Él nos reconociera en ese momento; pero, cuando estábamos enfrente de ellos, Él se giró y nos miró. No dijo nada, ¡pero qué mirada! ¡Llena de ternura y ánimo y bendición! Nos animó; nos elevó; nos embelesó y exaltó. Y, al pasar, apretamos nuestras manos unidas y un éxtasis indescriptible llenó nuestros corazones.

Terminamos nuestro paseo en silencio y nos sentamos en los escalones de mármol a la sombra de los árboles colgantes. La niña se acurrucó contra mi costado y reclinó su cabeza sobre mi hombro, mientras yo descansaba mi mejilla sobre ella, como queriendo acariciarla. Tras un instante susurré, en parte para mí misma: "¡Nunca había visto una mirada igual!".

Al instante, ella levantó su cabeza y dijo con avidez: "¿Tú también lo crees? Estaba segura de que sí. Siempre es así. Si Él está demasiado ocupado como para hablarte, tan solo te mira, y es como si hubiera hablado contigo durante un buen rato. ¿Acaso no es Él maravilloso? ¿Por qué, por qué no podíamos conocerle en la tierra como le conocemos aquí?".

"¿Cuánto tiempo estuviste aquí antes de reunirte con Él?", le pregunté.

Su divina compasión

"¡Pues esa es la parte maravillosa! Su rostro fue el primero que vi después de abandonar mi cuerpo. Me sentí desconcertada cuando me di cuenta por primera vez de que era libre, y estuve de pie durante un momento sintiendo incertidumbre. Después, le vi de pie a mi lado con esa misma mirada de ternura en su rostro.

"Al principio sentía timidez y cierto temor, pero después Él me extendió su mano y me dijo amablemente: 'Hija, he venido para cuidar de ti. Confía en mí, no temas'. Entonces supe quién era, y al instante el temor se alejó de mí. Me aferré a Él como lo hubiera hecho con cualquiera de mis hermanos. No me dijo mucho, pero de algún modo sentí que entendía todos mis pensamientos.

"¡Qué vida tan maravillosa es esta!".

Sólo puedo dar este bosquejo de nuestra conversación. El resto es demasiado sagrado como para que lo lean algunos ojos curiosos.

Observamos a los pajarillos haciendo sus nidos en las vides, oímos las notas solemnemente alegres de las canciones corales de los ángeles y unimos nuestras voces al himno de alabanza. Después, fuimos a mi habitación y nos sentamos en mi elegante sofá para descansar. Las últimas palabras que oí antes de caer en el maravilloso descanso celestial fueron en un tierno susurro: "¡Querida, querida Rebecca, estoy muy alegre y contenta de que estés aquí!".

Se ha formulado la pregunta más de una vez: "¿Existe allí la noche?". ¡Tajantemente no! Lo que por falta de una mejor palabra llamamos día estaba lleno de una radiación gloriosa, una luz dorada rosada que estaba por todos lados. No hay ningún lenguaje conocido por los mortales que pueda describir esa gloria tan maravillosa. Inundaba el cielo; el agua la atrapaba y la reflejaba; llenaba todo el cielo con gozo y todos los corazones con canción. Tras un periodo mucho más largo que nuestro día terrenal más largo, esta gloria se suavizaba y se hacía más tenue hasta que se convertía en una luz brillante llena de paz. Los niños dejaban de jugar bajo los árboles, los pajarillos anidaban entre las vides y todo el que estaba ocupado en distintas maneras buscaba descanso y quietud. Pero no había oscuridad, ni sombras oscuras, sólo una tranquila atenuación de la gloria.

Capítulo 7

UN DISCURSO DIVINO

No mucho después de eso, dijo Frank: "Iremos al gran auditorio. Martin Lutero hablará sobre 'La Reforma: Sus causas y efectos'. Habrá también una charla de John Wesley como complemento. Es probable que haya también otros oradores".

No era la primera vez que habíamos visitado ese gran auditorio, aunque no lo he descrito anteriormente. Estaba situado sobre un pequeño monte, y la gran cúpula estaba apoyada sobre grandes columnas alternas de amatista y jaspe. No había paredes en la gran estructura, sólo la gran cúpula y las columnas de apoyo. Había una gran plataforma de mármol taraceado precioso que se levantaba en el centro.

Desde esa plataforma subían asientos en tres lados para formar un inmenso anfiteatro. Los asientos estaban hechos de madera de cedro muy pulido, y detrás de la plataforma había unos colgantes pesados de púrpura real. Había un altar de perla sólida cerca del centro de la plataforma. La gran cúpula era profunda y oscura en su inmensidad, por lo que sólo eran claramente visibles los grabados dorados alrededor de su borde inferior. Había observado ya esto en anteriores visitas.

Conferencias de Martin Lutero

Cuando entramos, vimos un edificio lleno de gente esperando con entusiasmo. Pronto nos sentamos. Tiernos compases de melodías flotaban sobre nosotros como salidos de un coro invisible. Enseguida, Martin Lutero, en un estado de plena vigorosidad, subió los peldaños y se situó ante nosotros. No es mi intención extenderme en su aspecto, tan sólo decir que su gran intelecto y su fortaleza espiritual parecían haberse añadido a su ya poderoso físico. Le hacía ser un líder competente incluso en los lugares celestiales.

Su discurso llenaría por sí sólo un libro, y no podría bosquejarse en este breve borrador. Todos quedamos entusiasmados con el poder de su voluntad y elocuencia. Cuando finalmente se retiró, John Wesley ocupó su lugar. La santa belleza de su rostro, intensificada por la luz celestial que había sobre él, era poderosa.

Su tema fue "el amor de Dios". Si en la tierra predicaba sobre ello con poder, ahora inundó nuestras almas con el fuego de exaltación hasta que nos derretimos como la cera en sus manos. Nos mostró lo que ese amor había hecho y cómo ni tan siquiera una eternidad de agradecimiento y alabanza podría pagarlo.

La gloria del Señor

Salvo por la tenue y dulce melodía del coro invisible, el silencio descansaba sobre la vasta audiencia cuando él se fue. Todos parecíamos perdidos meditando en el tema que con tanta ternura nos había presentado. Entonces, las pesadas cortinas detrás de la plataforma se abrieron, y una figura alta, sobre la que parecía centrarse toda la gloria del cielo, emergió de sus pliegues. Avanzó hasta la mitad de la plataforma, y al instante, la vasta congregación de almas se puso en pie y estalló como a una voz en ese gran himno en el que tantas veces nos habíamos unido en la tierra:

Aclamemos todos el poder del nombre
de Jesús,
Que los ángeles se postren;
Traigan la diadema real,
Y le coronen Señor de todo.
Traigan la diadema real,
Y le coronen Señor de todo.

Ese coro tan grande de voces, esa unidad, esa armonía, ese volumen nunca antes oído en la tierra se elevó, aumentó y pareció llenar no sólo el gran auditorio, sino todo el cielo. Y además, sobre todo eso, oímos las voces del coro de ángeles, que ya no entonaban la tenue y dulce melodía, sino que habían estallado en himnos de alabanza triunfante. Un diluvio de gloria pareció llenar el lugar, y mirando hacia arriba contemplamos la gran cúpula resplandeciendo con la luz dorada y las formas angelicales del coro en el medio. Sus arpas, violines y rostros celestiales eran menos radiantes que la de Aquel a quien cantaban sus alabanzas. Y Él, ante quien todo el cielo se postraba en adoración, apareció de pie con el rostro erguido y una expresión real, el mismo Dios de la tierra y el cielo. Él era el centro de toda la luz, y un resplandor divino le rodeaba de tal forma que no se podía comparar con nada.

Cuando el himno de alabanza y adoración cesó, todos se postraron lentamente de rodillas, y toda cabeza se postró y cada rostro se cubrió cuando el coro de ángeles volvió a entonar las conocidas palabras: "Gloria al Padre, al Hijo y el Espíritu Santo. Como fue en el principio, es ahora y será siempre, un mundo sin final. ¡Amén, Amén!".

Lentamente, las voces se desvanecieron, y un silencio santo cayó sobre nosotros. Al rato, lenta y reverentemente, todos se levantaron y volvieron a sus lugares. No, no todos. La dulce Mary Bates nos había acompañado al santuario, y observé que sólo ella aún seguía arrodillada entre nosotros. Con sus manos unidas y radiantes, su rostro elevado, sus ojos tiernos estaban fijos en el Salvador. Mientras Él estaba de pie esperando ante nosotros, el rostro de ella que denotaba una adoración y amor desinteresados le hacía parecer verdaderamente divina. Estaba tan cautivada que no me atreví a molestarla.

Pero, en un momento, el Maestro se giró y miró sus ojos de adoración con una mirada de amoroso reconocimiento. Con un profundo suspiro de deseo cumplido, cuando Él se alejó, ella volvió calladamente a su sitio detrás de mí. Metió sus manitas entre las mías con toda la confianza de una niña que se siente segura de haber sido totalmente entendida.

Cuando miré la gloriosa forma que había ante nosotros, vestida en toda majestad, la Divinidad, mi corazón preguntó: "¿Será verdaderamente Cristo, a quien Pílato condenó a sufrir una agónica muerte en la cruz?". No podía aceptarlo. Parecía imposible que hombre alguno, por muy malo que fuera, pudiera estar tan ciego ante la divinidad revelada en Él de forma tan clara.

El Salvador habla

Después, el Salvador comenzó a hablar, y la dulzura de su voz sobrepasaba la melodía del coro celestial. ¡Qué misericordia en sus palabras! Si pudiera, si osara transcribirlas como salieron de sus labios. La tierra no tiene un lenguaje con el que yo pudiera comunicar su elevado significado. Él tocó ligeramente la vida de la tierra y mostró maravillosamente el vínculo de luz que une las dos vidas, la pasada con la presente. Luego reveló algunos de los antiguos misterios de la bendita vida y destacó las gozosas tareas que teníamos por delante.

Cuando terminó, nos sentamos con nuestras cabezas postradas mientras se retiraba. Nuestro corazón estaba tan sobrecogido, nuestra alma tan animada, nuestro espíritu tan exaltado, todo nuestro ser tan lleno de su divinidad que, cuando nos levantamos, nos fuimos silenciosa y reverentemente. Nuestro corazón se llenó de aspiraciones mucho más altas y divinas, y una visión más clara de la vida bendita en la que se nos permitió entrar.

Sólo puedo tocar ligeramente estos gozos celestiales. Hay algo profundo, un misterio en cuanto a todo lo referente a la vida divina, la cual no osaré describir, ya que incluso aunque quisiera hacerlo, no podría; no podría aunque quisiera. Hay algo sagrado que lo envuelve, y los ojos curiosos no deberían mirarlo. Baste con decir que ningún gozo conocido en la tierra, por muy excepcional que sea, puede ser más que la sombra de gozo más débil que podamos encontrar allí. Ningún éxtasis imaginable o soñado que no se haya realizado en la tierra, se acerca un poco a la dicha de un momento en ese mundo divino. No existen la pena, el dolor, la enfermedad, la muerte, la partida, la decepción, las lágrimas salvo las de gozo, las esperanzas rotas, los planes fallidos, la noche o la tormenta, ni siquiera las sombras. Sólo hay luz, y gozo, y amor, y paz, y descanso eternamente. "Amén", y de nuevo mi corazón dice reverentemente: "Amén".

Capítulo 8

Rebecca se reúne con su hermana

A menudo me entraban ganas de ir al lago sagrado; a veces sola, y a veces con una o más personas de mi propia familia. Siempre era una inspiración para mí. Por muy familiar que fuera el lago para mí, siempre era mayor el gran asombro que producía en mí. Por el contrario, me di cuenta de que cuando más me bañaba o flotaba en sus aguas claras, más me fortalecía en espíritu. Podía comprender con más claridad los misterios del mundo acerca de mí.

Mi comunión con los seres queridos de casa servía para restaurar el mayor consuelo de mi vida mortal. Comencé a darme cuenta de que, sin duda, esa era la verdadera vida, en vez de esa vida de prueba que siempre habíamos considerado como tal.

Una reunión especial

Una vez, al comenzar a cruzar el césped entre la casa de mi padre y la nuestra, oí que alguien pronunciaba mi nombre de una manera afectuosa. Me giré y vi a un hombre alto y elegante que se acercaba a mí. Su cabeza descubierta era blanca plateada, y sus profundos ojos azules me miraron felices y con ternura mientras se acercaba.

"Oliver", clamé con mis manos abiertas para darle la bienvenida, "¡querido Oliver!". Era el marido de mi hermana mayor, a quien siempre había apreciado mucho.

"No me enteré de que habías llegado hasta hace unos momentos. Es un placer tenerte aquí. Verte me parece como en los viejos tiempos". "Estuvimos mucho tiempo juntos durante los últimos años de mi estancia", dijo él mientras tomaba mis manos con cariño. "¿Dónde vas? ¿Podrías venir conmigo un rato? Muchas veces he pensado en que me gustaría que estuvieras aquí antes de que llegase Lu, ya que conoces muy bien sus gustos, y ahora, ¡aquí estás! ¡Muchas veces los deseos que no decimos a nadie se nos conceden en el cielo!".

"¿Mi hermana viene pronto?", le pregunté un poco después.

"No lo sé con certeza. Pero los años de su vida en la tierra se están acabando, y su llegada no se puede retrasar mucho más. ¿Podrías venir conmigo ahora?".

"Con mucho gusto", dije yo, girándome para caminar con él.

"Está muy cerca de aquí", dijo él. "Justo a la orilla del río. A Lu le encanta el agua, así que escogí ese lugar preferiblemente antes que uno más cerca de tu casa".

"¡Es un lugar encantador!", clamé yo, según nos acercábamos al lugar. "No he venido por aquí antes".

"Quiero que veas el río desde la ventana de su habitación", me dijo. "Sé que te encantará".

Entramos en su casa, la cual era verdaderamente hermosa, construida con el granito blanco más puro, tan enclavada en el follaje de los árboles cargados de flores que desde algunos lugares sólo podían verse parte de sus elegantes proporciones.

"A ella le gustan mucho las flores; ¿no crees que le encantarán estos árboles?", me preguntó con un deleite casi de niño.

"Estoy segura de que sí", respondí yo.

Pasamos por varias habitaciones hermosas en la planta de abajo. Luego, subimos por las escaleras, que en sí mismas eran un sueño de belleza, y entramos en la habitación que con tanto deseo quería que yo viera. Me detuve en el vestíbulo con una exclamación de placer, mientras él miraba la expresión de mi rostro.

"¡Es la habitación más hermosa que he visto jamás!", clamé llena de entusiasmo.

La estructura de los sofás, sillas y escritorio era de perla pura y sin mancha, tapizados con oro. Había alfombras blandas y cortinas por todas partes. Y, a través de la ventana de abajo que había sobre la terraza con guirnaldas de flores, había una vista encantadora del ancho y tranquilo río que de nuevo volvió a dejarme sin habla. Un millar de tintes exquisitos del cielo se reflejaban sobre las tranquilas aguas, y un barco que flotaba en la corriente se reflejaba perfectamente en las ondas tintadas de opalescente.

Las colinas celestiales de la ciudad se levantaban a lo lejos al otro lado de las aguas brillantes. Sus cúpulas, templos llenos de pilares y fuentes chispeantes se veían por todos lados.

Descendimos por las escaleras sin decir palabra, y luego sólo pude decir titubeando: "¡Sólo el cielo podría dar una perfección así en todo!".

Oliver tomó mi mano con compresión y me dejó ir sin decir ni una palabra.

Una hermana viene a casa

Muchas veces visité ese hogar encantador y tuve muy buenas conversaciones con Oliver, a quien apreciaba tanto. No podía pensar en algo que pudiera añadir a la belleza de ese lugar, pero hablábamos juntos de eso, y planificamos y anticipábamos el gozo de su llegada.

Una vez, Oliver no estaba en casa, y aunque esperé mucho a que regresara, no lo hizo. No le había visto hacía un tiempo y pensé que el Maestro le habría enviado a realizar alguna misión. Cuando iba de regreso a casa, me encontré con un grupo de chicos y chicas jóvenes muy felices que se dirigían al camino por el que yo había venido, con sus brazos llenos de hermosas flores. Según se acercaban, me di cuenta de que estaban los nietos de mi querida hermana: Stanley, Mary, David, Lee y la pequeña Ruth. Al verme, todos comenzaron a gritar de gozo:

"¡Ya viene la abuela! ¡Ya viene la abuela! ¡Llevamos flores para esparcir por todas partes! ¡Estamos muy contentos!".

"¿Cómo saben que viene, chicos? Acabo de estar en su casa, ¡y allí no había nadie!".

"Pero ya viene", dijo el pequeño Lee. "Recibimos un mensaje del abuelo, y él la va a traer".

"Entonces se lo diré a los demás, y estaremos ahí para darle la bienvenida", dije. Con gran gozo en mi corazón, me apresuré a la casa de mi padre. Me di cuenta de que me estaban esperando, llenos de alegría y expectación.

"Sí, nosotros también lo hemos oído", dijo mi padre, "y sólo estábamos esperando tu regreso para ir también".

"Entonces iré a buscar al hermano Frank, para que también nos acompañe", dije.

"¡Está aquí!", dijo una voz genial. Y, al mirar, le vi en la puerta.

"El coronel Springer está siempre presente cuando se le necesita", dijo mi padre cordialmente.

Por tanto, nos dispusimos a darle la bienvenida a este ser querido en su hogar: mi padre, mi madre, mi hermana Jodie, mi hermano el doctor, sus dos hijas, mi tía Gray, su hijo Martin, la esposa y la hija de Martin, Frank y yo.

Un momento precioso

Según nos acercábamos a la casa, oímos el sonido de unas voces alegres. Al mirar, vimos a mi hermana de pie en la habitación con el brazo de su marido a su alrededor y los nietos felices alrededor de ella. Pero ¿qué era eso? ¿Podría esta radiante criatura, con la frente tan lisa y los ojos felices, ser la pálida y lánguida mujer que había visto la última vez, tan encorvada y llena de sufrimiento y tristeza? Miré con ojos ilusionados. Sí, era mi hermana. Pero su aspecto era como el que tenía hacía treinta años, su rostro lleno de salud y la luz de su juventud en sus tiernos ojos.

Retrocedí a la sombra de las vides y dejé que otros me precedieran, porque mi corazón estaba lleno de un gozo extraño y triunfante. Esta era verdaderamente la victoria sobre la muerte que nos prometió nuestro Señor resucitado. Observé los saludos felices y la manera en que ella abrazó a cada uno de sus seres queridos.

Cuando, uno a uno, saludó y abrazó a todos, vi que se giraba y miraba con melancolía a su alrededor, y luego le susurró a mi padre: "¿Está aquí mi hermana pequeña?". No pude esperar más, y corriendo a su lado, clamé: "¡Querida, estoy aquí! ¡Bienvenida! ¡Bienvenida!".

Me apretó contra su corazón y me retuvo en un cálido abrazo. Me llenó de besos mientras yo le devolvía cada una de sus caricias. Me reí y grité de alegría porque finalmente había llegado. ¡Qué reunión familiar tan bella hubo en el interior de los muros del cielo! ¡Y cómo se aumentó su dicha por el conocimiento certero (no la esperanza) de que nunca más volveríamos a despedirnos!

Mi cuñado, Oliver, miró con orgullo y ojos de felicidad. El momento que él tanto había esperado y anhelado le llegó finalmente. Su vida eterna ahora estaría completa para siempre. Le dije que le había esperado ese día, y dijo: "Te vimos cuando salías de la casa, pero estábamos demasiado lejos como para llamarte. La había llevado al río, y ella había mirado y admirado la casa incluso antes de saber que era la nuestra".

"¿Qué hizo cuando vio su habitación tan preciosa?".

"Gritó como una niña. Se aferró a mí, y dijo: 'Esto es mucho más que una recompensa por la casa que perdimos en la tierra!'. ¡Si no hubieran venido los niños, creo que aún estaría en esa ventana!", dijo riéndose felizmente.

"Me alegro de que al principio la tuvieras sólo para ti", susurré. "Si algún hombre se merecía esa felicidad, querido, ese eres tú".

Él sonrió con gratitud y miró hacia su mujer, donde ella se encontraba, en el centro de un grupo feliz.

Una juventud celestial

"¿No te parece que es muy joven para ti, Oliver?", pregunté.

"Los años se fueron de ella como una máscara cuando nos sentamos bajo el agua en el río. Verdaderamente en esas aguas vivificantes todos renovamos nuestra juventud. Ella se quedó de golpe extraordinariamente bien y joven".

"Su llegada también te ha rejuvenecido a ti", dije, observando su fresco aspecto y sus ojos chispeantes. "Aunque espero que no cambie tu cabello plateado porque es tu corona de gloria".

Él me miró durante un instante de forma crítica, y luego dijo: "Me pregunto si te das cuenta del cambio que también se ha producido en ti en este maravilloso lugar".

"¿En mí?", dije, un poco sorprendida al pensarlo. "Confieso que no he pensado ni una sola vez en mi propia apariencia. Me doy cuenta a través de la misericordia de mi Padre, de lo que esta vida ha hecho por mí espiritualmente; pero respecto a lo otro, no lo he pensado ni una sola vez".

"El cambio es igual de grande en ti que en Lu, aunque en ti el cambio ha sido algo más gradual", dijo él.

Sentí una extraña emoción de gozo al saber que cuando mi querido marido viniera conmigo, me encontraría con la frescura y la belleza de nuestros primeros años. Era un dulce pensamiento. Mi corazón se llenó de gratitud hacia el Padre por esta evidencia de su cuidado y amor. Así que hablamos durante horas. Luego mi padre dijo: "Vamos chicos, no debemos olvidar que esta querida hija mía necesita descansar en su primer día en su nuevo hogar. Dejémosla sola con su feliz marido en esta nueva dicha que han encontrado.

Así que con corazones alegres nos fuimos y les dejamos pasar sus primeras horas en el cielo juntos.

Capítulo 9

La visita de una amiga especial

Tras dejar a mis padres y amigos, Frank se apresuró a irse a alguna misión, y yo seguí caminando sola hacia el lago sagrado. Sentí la necesidad de descansar en sus relajantes aguas después de toda la emoción.

Sólo quedaban unas pocas personas en la orilla. Los barcos que cruzaban su calmada superficie parecían estar llenos de mensajeros, absortos en alguna tarea, en vez de en busca de placer. Entré lentamente en el agua, y pronto vi que estaba flotando en medio de la corriente.

Los maravillosos rayos prismáticos se mezclaban con una gloria dorada, con diferentes tonos de rosa y púrpura reflejando su resplandor. A mí me parecía incluso más hermoso que el arco iris, como las alegrías de nuestra vida adulta hacían que los placeres más frívolos de nuestra juventud se desvanecieran.

Oí los carrillones de la campana plateada de la gran ciudad entonando un himno mientras estaba allí tumbada. Sus notas parecían entonar: "¡Santo, santo, santo! ¡Señor Dios Todopoderoso!". Las aguas se unieron a la canción, y un millar de olas respondieron: "¡Santo, santo, santo!". El lenguaje me falla: no puedo pretender comunicar esta experiencia a otros. Fue algo grandioso, maravilloso, intensísimo. Tumbada escuché hasta que todo mi ser se llenó de una melodía divina, y me pareció ser parte del gran coro. Luego, yo también alcé mi voz y me uní con todo mi corazón al apasionante canto de alabanza.

Un viaje a la otra orilla

Para mi propia sorpresa, descubrí que flotaba alejándome rápidamente de la orilla del agua por la que había entrado. Tras un ratito fui consciente de que me estaba acercando a una parte de la orilla del lago en la que nunca antes había estado. Refrescada y renovada, subí el banco inclinado y me encontré en una hermosa villa, similar a la del terreno donde nuestra casa estaba situada. Había alguna diferencia en la arquitectura o construcción de las casas, aunque no eran menos bonitas que las otras que había visto. Muchas estaban construidas de maderas pulidas, y de algún modo se asemejaban a los chalets más elegantes de Suiza. Sin embargo, su belleza artística era mucho mayor.

Mientras paseaba, deleitando mis ojos en las hermosas vistas que había, me agradó particularmente la forma de una casa inusualmente atractiva. Sus anchas terrazas casi colgaban por encima de las aguas del lago, y los anchos escalones que había en un lado de la casa llegaban hasta el borde del agua. Varios cisnes elegantes avanzaban sin prisa con la corriente, y un pájaro encantador estaba cantando y balanceándose en las ramas bajas a la altura de la cabeza. Había por allí cerca muchas casas más grandes e imponentes, pero ninguna era tan encantadora como esa.

Vi a una señora sentada debajo de uno de los grandes árboles de flores junto a esta casita de campo. Estaba tejiendo, aparentemente sin lanzadera ni aguja, una gasa blanca como la nieve que caía en un montón blando y lanudo que tenía a su lado. Era tan pequeña en estatura que al principio pensé que era una niña; pero después me di cuenta de que era una mujer madura, aunque el resplandor de su juventud aún estaba en sus lisas mejillas.

Algo familiar en sus gestos, más que en su apariencia, me hizo sentir como si no fuera la primera vez que nos habíamos visto. Acostumbrándome aún a las agradables sorpresas en este mundo de excepcional delicia, me acerqué a ella. Antes de que pudiese hablar, me miró y la duda se fue.

"¡Maggie!"; "¡Sra. Springer, querida!", gritamos a la vez. Dejando a un lado el trabajo que tenía entre manos, se puso en pie para saludarme.

Nuestro saludo fue cálido y ferviente, y su dulce rostro resplandeció con una bienvenida que me recordó los días felices en los que nos habíamos conocido a la orilla de un hermoso lago en la tierra.

"Ahora sé por qué vine por aquí hoy, para encontrarla, querida", dije. Nos sentamos juntas, y hablamos como nunca lo habíamos hecho en la tierra. La dulce timidez de su vida mortal se había derretido con el aire refrescante del cielo.

"¿Qué es esta prenda que está tejiendo?", le pregunté, alzando la tela sedosa y lanuda con mis dedos mientras hablaba.

Aprender un arte divino

"Algunos paños para la habitación de Nellie", dijo. "Sabe que nosotras dos hemos vivido solas juntas tanto tiempo que pensé que se sentiría más como en casa, sin duda ambas, si hiciéramos lo mismo aquí. Así que esta casita de campo es nuestra casa especial, a sólo unos minutos de la de Marie", señalando a una casa imponente a unos metros de distancia, "y la estoy arreglando lo mejor que puedo, especialmente su habitación".

"¡Pues déjeme ayudarla, querida Maggie!" dije. "Será un placer para mí".

Tras un instante de duda, dijo: "Se lo agradezco, Sra. Springer, pero tengo el gusto de hacer la habitación de Nellie por mí misma. No tengo prisa, sabe. Si realmente le gusta, no me importaría que me ayudara con las otras habitaciones".

"¿Y me enseñaría cómo tejer estos delicados colgantes?".

"Claro que sí".

Alzando el exquisito hilo, me enseñó cómo tomarlo y enredarlo entre mis dedos hasta que caía en brillantes pliegues. Era un trabajo muy ligero y fascinante, y pronto me puse a tejerlo casi tan rápidamente como ella.

"¡Ahora podré ayudar a Frank!" fue mi feliz pensamiento, al ver cómo crecía el tejido reluciente bajo mis manos. Mañana iré y le mostraré lo bonitas que podemos cubrir las puertas y ventanas de cortinas. En el cielo nuestro primer pensamiento es agradar a otros.

"Aprende muy rápido", dijo Maggie, riéndose alegremente. "¡Y qué visita tan agradable me ha hecho!".

"¡Qué visita tan cálida me ha dado, querida!", respondí yo.

Cuando nos despedimos fue sabiendo que la volvería a visitar.

Capítulo 10

UNA VISITA A LA CIUDAD CELESTIAL

En uno de mis paseos me encontré con una escena que me recordó lo que Mae había dicho sobre el amor del Salvador por los niños. Le vi sentado bajo uno de los árboles de flores sobre la orilla del lago con una docena de niños de todas las edades a su alrededor.

Una delicada nena, de no más de un año, estaba acurrucada en sus brazos. Su soleada cabeza descansaba confiadamente en su regazo, y sus manitas estaban llenas de los encantadores nenúfares que flotaban por todas partes sobre las aguas. Ella era demasiado joven para darse cuenta de lo privilegiada que era, pero parecía estar disfrutando del cuidado de Él al máximo.

Los demás se sentaban a sus pies o se apoyaban sobre sus rodillas. Un pequeño con ojos vivos estaba de pie a su lado, apoyándose en su hombro, mientras el brazo derecho del Maestro le rodeaba. Todos los ojos estaban puestos ilusionadamente en Jesús, y cada niño escuchaba sus palabras. Dijo que parecía estar contándoles alguna historia muy interesante, adaptada a sus gustos y capacidades infantiles.

Me senté en el césped entre un grupo de gente, un poco alejada de los niños, e intenté oír lo que Él estaba diciendo. Pero estábamos demasiado lejos y oíamos sólo alguna frase de vez en cuando, y en el cielo nadie se entromete en el privilegio o deleite de los demás. Así que simplemente disfrutamos de las sonrisas y las preguntas entusiastas y exclamaciones de los niños.

De los tales es el reino

"Un niñito se perdió en el oscuro bosque del mundo inferior", oímos decir al Maestro como respuesta a las miradas inquisitivas de los interesados niños.

"Los leones y los osos llegaron después".

"¿Dónde estaba su papá?", preguntó una voz impaciente. No pudimos oír la respuesta, pero pronto un niño se inclinó sobre la rodilla del Salvador y dijo confiadamente: "¡A mí no me da miedo aquí arriba!".

"No", respondió Él, "¡nada puede dañar o asustar a mis niños aquí!".

Después, a medida que la historia avanzaba y se ponía más interesante, los niños se acercaban más al Maestro. Él se giró con una dulce sonrisa hacia la niña con los ojos entusiasmados, que se apoyaba sobre su hombro, y dijo: "¿Qué hubieras hecho tú, Leslie?".

Con una luz brillante en sus ojos y un resplandor en su mejilla, la niña respondió rápida y enfáticamente: "Yo habría orado a ti y te habría pedido que cerraras la boca del león, como hiciste con Daniel, ¡y tú lo habrías hecho!". (Véase Daniel 6:2).

Yo pensé: "Si sus padres pudieran ver la mirada del amado Maestro, puesta sobre sus hijos cuando pronunció su valiente respuesta. Serían consolados en la ausencia de su precioso hijo".

Perdida en estos pensamientos, no oí nada más de lo que pasó hasta que un grito eufórico de los niños anunció lo satisfactoriamente que había acabado la historia. Al mirar hacia arriba, vi al Maestro pasando por delante con el bebé aún en sus brazos y los niños marchando a su lado.

"De los tales es el reino de los cielos" (Mateo 19:14). ¡Qué bien lo entendió! ¡Cuánto los amaba!

Un privilegio especial

Yo también me levanté para dirigirme a casa. No había avanzado mucho cuando me encontré con mi cuñado Frank, quien me saludó con un: "Voy de camino a la ciudad junto al lago. ¿Te vienes?".

"Había querido visitar la ciudad. Estaba esperando a que pensaras que es conveniente para mí que vaya", respondí.

"Estás creciendo tan rápido en cuanto a las maneras celestiales", dijo, "que creo que te podría llevar casi a cualquier lugar ahora conmigo. Obtienes el conocimiento porque lo amas, no porque estés atada a saber lo que queremos que aprendas. Tu entusiasmo por entender toda verdad, y al mismo tiempo esperar en una sumisión paciente, te ha aportado mucha alabanza y amor de nuestro querido Maestro. Él ve ilusionado nuestro progreso en la vida divina. Creo que es oportuno que sepas esto. Aquí necesitamos el ánimo igual que en la vida en la tierra, aunque de forma distinta. Te digo esto con permiso divino. Creo que no falta mucho tiempo para que Él te confíe una misión. Pero esto es lo que yo creo, no es un mandamiento suyo".

Sería imposible para mí expresar, en el lenguaje de la tierra, la impresión que estas palabras de elogio dejaron en mí. Fueron inesperadas, muy imprevistas. Frank dijo que había estado recogiendo entusiasmadamente el conocimiento que me habían impartido con un amor genuino por el estudio de todas las cosas relativas a la bendita vida. Yo no había pensado que mereciera en manera alguna elogios por hacerlo, ¡y ahora había obtenido la aprobación del Maestro mismo! La felicidad parecía casi mayor que la fuerza que tenía para soportarla.

"¡Mi querido Frank!" fue lo único que pude decir, en mi profundo gozo, deteniéndome de repente y mirando su rostro con lágrimas de agradecimiento.

"¡Me alegro mucho por ti, hermanita!", dijo, estrechando calurosamente mi mano. "Sabes, existen recompensas en el cielo. Me alegro profundamente de que hayas ganado inconscientemente una de ellas tan pronto".

Me gustaría poder narrar en detalle las preciosas palabras de sabiduría que salieron de sus labios. Me gustaría poder volver a contar los eventos de esa vida maravillosa como los viví, pero sólo puedo decir: "No puedo".

Cuando decidí narrar ese tiempo inolvidable, no me di cuenta de cuántas serias dificultades tendría que encontrar. No pensé en la cantidad de veces que me tuve que detener y pensar si realmente podía revelar esta verdad o recrear la escena tal y como se me apareció. El mismo corazón a menudo ha sido excluido de alguna escena maravillosa, porque no me atreví a revelar su sagrado secreto.

Me doy cuenta dolorosamente de que la narrativa, como estoy obligada a darla, se queda infinitamente corta en relación con lo que esperaba que fuera cuando comencé. Pero entiéndame, no estoy pintando un dibujo fantástico, sino la vida verdadera tal y como se me apareció cuando el espíritu exaltado se alzó triunfante sobre la carne empobrecida hecha subordinada a través del sufrimiento.

Entrada en la ciudad

Frank y yo caminamos lentamente hasta el margen del lago donde nos metimos en una barca que había cerca de la orilla. Al momento fuimos transportados a la orilla más lejana del lago y llegamos a una terraza de mármol, la entrada a la ciudad por el lago. Nunca supe lo que impulsaba a esas barcas. No había remero, ni motor ni velas, pero avanzó a paso firme hasta que llegamos de forma segura a nuestro destino.

Había unos asientos lujosamente almohadillados por todo alrededor, y sobre uno de ellos un instrumento musical. Era algo parecido a un violín, aunque no tenía arco, sino que parecía que se tocaba sólo con los dedos. Sobre otro asiento había un libro. Lo agarré y lo abrí. Parecía la continuación de un libro que animó y entusiasmó a millones de corazones en la vida mortal, *El don supremo.* Mientras lo ojeaba de camino, aprendí que esta gran mente ya había luchado cuerpo a cuerpo con las cosas poderosas de la eternidad y había dado comida a inmortales, incluso como lo había hecho con aquellos en la vida mortal en años pasados.

Toda adoración en armonía

Desperté de mis pensamientos con el toque del barco en la terraza de mármol y Frank esperando ayudarme hasta la orilla. Al pasar por una pequeña colina, nos encontramos en una calle ancha que llevaba al corazón de la ciudad. Las calles eran todas muy anchas y lisas, y pavimentadas con mármol y piedras preciosas de todo tipo. Aunque estaban atestadas de personas absortas en varias tareas, no había ni una mota de polvo por ningún lado.

Parecía haber grandes oficinas de negocios de muchos tipos, aunque no vi nada que se pareciera a nuestros grandes establecimientos comerciales. Había muchas universidades, escuelas, librerías, tiendas de música y editoriales. Había varias fábricas grandes donde se hilaban las delicadas hebras de seda que se usaban para tejer la pañería que ya he mencionado. Había salas de arte, galerías de pintura, bibliotecas, muchas salas de conferencias y grandes auditorios.

Pero no vi ninguna iglesia de ningún tipo. Al principio eso me dejó confusa, hasta que recordé que no hay credos ni denominaciones en el cielo. Todos adoran juntos, en armonía y amor: los hijos de un sólo Padre amoroso.

Luego pensé: "¡Qué pena que este hecho, si no otro, en la gran economía del cielo, no se les pueda proclamar a los habitantes de la tierra! ¡Sin duda, eliminaría muchas de las pequeñas contenciones, celos y rivalidades del que va a la iglesia! ¡No hay credos en el cielo! ¡No hay puntos doctrinales de controversia! ¡No hay acusaciones de herejía de uno que se llama cristiano contra otro! ¡No se edifica una denominación sobre las ruinas o la caída de un culto diferente! Sólo hay una gran hermandad universal cuya cabeza es Cristo y cuya piedra angular es el amor".

Más gozo celestial

Pensé en el día en que habíamos escuchado en el gran auditorio en casa el divino mensaje de nuestro amado Maestro. Me acordaba de las cabezas inclinadas y las voces alzadas de esa vasta multitud cuando todas las voces se unieron en el glorioso himno "Coronadle Señor de todo". Pude haber llorado al pensar en los rostros que algún día deberán postrarse avergonzados al recordar cuántas veces le dijeron a otro cristiano: *"Estate en tu lugar, no te acerques a mí, porque soy más santo que tú"* (Isaías 65:5).

No había casas en ningún lugar en medio de la ciudad. Estaban en los suburbios con gran magnificencia y esplendor. Pero un hecho agradable era que todos los hogares tenían un gran jardín lleno de árboles, y flores, y caminos agradables. Sin duda, esos jardines estaban por todos lados, fuera de los centros empresariales de la ciudad, como un gran parque salpicado de bonitas casas. Hubo más cosas que me encantaron y sorprendieron en esta gran ciudad. Quizá no pueda describirlo todo, pero nunca olvidaré su belleza.

Encontramos un parque muy grande, con paseos, avenidas, fuentes, lagos en miniatura y asientos a la sombra. No había moradas o edificios de ningún tipo, salvo un templo circular inmenso y abierto capaz de sentar a varios cientos. Frank me dijo que un coro de serafines se reunía aquí y daban los oratorios escritos por los grandes compositores musicales de la tierra y el cielo. El coro se acababa de ir, y la multitud que había disfrutado de su música divina aún estaba rezagada, como si no quisiera abandonar el sitio tan sagrado.

"Volveremos luego", dijo Frank, "cuando podamos oírles".

Capítulo 11

El templo

Y el templo se llenó de humo por la gloria de Dios, y por su poder.

(Apocalipsis 15:8)

Atravesando aún el parque, llegamos al campo abierto y caminamos cierta distancia por las praderas y planicies llenas de flores. Tras un rato, entramos en un gran bosque cuyos grandes árboles se alzaban por encima de nosotros como poderosos gigantes.

Frank caminaba a mi lado, absorto en un pensamiento silencioso, pero con un toque incluso más allá de su habitual gentileza. No le pregunté a dónde íbamos tan lejos de casa, pues el temor, la duda y cuestionar ya no estropeaban la quietud de mi alma.

Aunque el bosque era denso, el resplandor dorado de la luz celestial descansaba debajo de los árboles y atravesaba las ramas que teníamos por encima de nuestras cabezas.

El trono de gloria

Finalmente, salimos del bosque a una gran planicie que se extendía hasta un espacio ilimitado que teníamos ante nosotros. Muy lejos oímos el débil trueno del romper de las olas de ese mar inmortal del que tanto había oído hablar, pero que aún no había tenido la oportunidad de ver. Salvo por su débil y distante reverberación, el silencio sobre nosotros era intenso.

Estuvimos de pie un momento sobre el borde del bosque. Al avanzar unos pocos pasos por la llanura, fui consciente de que a nuestra derecha el terreno se alzaba con una elevación bastante pronunciada.

Al girarme, un suspiro rompió mis ojos perplejos de una forma que los años eternos de la tierra y el cielo nunca podrán borrar. Sobre la cima de ese monte se erigía un templo cuya gran cúpula, sus grandes columnas y sólidas paredes eran de perla impecable. Por las grandes ventanas del templo brillaba un resplandor blanco que se tragaba el destello dorado de la luz celestial haciéndola suya. No grité en voz alta ni escondí mi rostro, como en previas revelaciones.

En cambio, me puse lentamente de rodillas, y con mis manos cruzadas sobre mi pecho y el rostro elevado, un corazón calmado y los labios en silencio, postré todo mi ser en adoración a sus pies, "*al que está sentado en el trono*" (Apocalipsis 5:13). No sé cuánto tiempo me postré así. Incluso la vida inmortal parecía perdida ante el más grande de los misterios celestiales.

Entrada en el templo

Después Frank, que había estado arrodillado en silencio a mi lado, se levantó y, poniéndome de pie, me susurró amablemente: "Vamos". Yo sentí, más que vi, que su rostro no tenía color por la profundidad de su emoción, y acepté su guía en silencio.

Un largo vuelo de escalones bajos y anchos se elevaba gradualmente desde donde estábamos hasta la puerta del templo. También estaban hechos de perla sólida, bordeados por cada lado de canales pavimentados con piedras doradas por los que fluían aguas de cristal que se unían y mezclaban en un riachuelo muy lejos sobre la llanura. Subiendo por esos peldaños entramos en el templo, y estuvimos de pie en silencio durante un momento.

No sé por qué, pero de repente cada detalle de ese maravilloso interior quedó marcado en mi memoria como una escena que se fotografía y se guarda para siempre. Antes de eso, tuve que entrar varias veces en una habitación para que pudiera describirlo correctamente en detalle, pero esto, en un destello de luz, quedó grabado en las tablas de mi memoria de una forma indeleble, para toda la eternidad.

La inmensa cúpula, en ese momento llena de una nube luminosa, se sostenía por medio de tres filas de pilares de oro enormes. Los muros y los pisos estaban hechos de perla, al igual que la gran plataforma que se levantaba al menos en un tercio del templo por el lado oriental. No había asientos de ningún tipo. Los grandes pilares de oro se alzaban como filas de centinelas sobre el piso brillante.

Una barandilla de oro recorría por completo toda la plataforma por los tres lados, con lo que era inaccesible la entrada desde el cuerpo del templo. Bajo esta barandilla, sobre el piso del templo, un reposa rodillas de perla rodeaba la plataforma, también hecha de perla. En el centro de la plataforma se alzaba un inmenso altar de oro. Estaba soportado por serafines de oro con las alas abiertas, uno en cada esquina.

Por debajo, en un gran cuenco de perla, había una fuente de agua chispeante, y supe intuitivamente que era la fuente del mágico río que fluía por los jardines del cielo y que nos limpiaba de las últimas manchas de muerte y pecado.

El brillo de su llegada

Dos personas se arrodillaron con la cabeza inclinada debajo de la barandilla del altar en el lado más distante del templo. Junto al altar había en pie cuatro ángeles, uno a cada lado, vestidos con túnicas sueltas de blanco. Tenían unas trompetas finas y largas de oro que levantaban con sus manos, como si estuvieran esperando una señal para hacerlas sonar.

Unas guirnaldas largas de gasa plateada colgaban en pesados pliegues detrás de la plataforma del altar.

De repente, vimos que las guirnaldas temblaban y resplandecían hasta que un resplandor mucho más radiante que el del sol de mediodía brilló a través de ellas. Todo el templo quedó *"lleno de la gloria del Señor"* (Números 14:21; véase también Éxodo 40:34). En medio de la nube luminosa que llenó la cúpula, vimos las formas de arpistas angelicales. Al postrarnos con la cabeza inclinada junto a la barandilla del altar y ocultar nuestros rostros del *"resplandor de su venida"* (2 Tesalonicenses 2:8), oímos el sonido de la trompeta de los cuatro ángeles alrededor del altar. Las voces de los arpistas celestiales cantaban:

¡Santo, Santo, Santo, Señor Dios
Todopoderoso!
Todas tus obras alabarán tu nombre,
En tierra, cielo y mar,
Santo, Santo, Santo, misericordioso
y fuerte,
Dios en tres personas, bendita
Trinidad. ¡Amén!

Las voces se apagaron silenciosamente, una vez que habían sonado las últimas notas de las trompetas de oro, *"y se hizo silencio en el cielo"* (Apocalipsis 8:1). Supimos que la gloria visible del Señor por el momento se había retirado del templo, su trono. Aun así, nos postramos con las cabezas inclinadas en adoración silenciosa ante Él. Cuando finalmente nos levantamos, no elevé mis ojos mientras estaba dentro del templo. Quería que quedara en mi memoria como apareció con su gloria.

Caminamos en silencio. Me apoyé en el brazo de Frank, porque aún temblaba de la emoción. Me sorprendió ver que no regresamos al bosque sino que fuimos a la llanura; pero cuando vi que nos acercábamos a la confluencia de los dos arroyos que salían de la fuente que había bajo el altar, entendí que volveríamos por el río en vez de por el bosque y el lago.

De regreso a casa

Llegamos al río, y entrando en una barca que había en la orilla, pronto navegamos rumbo a casa. Pasamos por un escenario muy bonito que no había visto antes. Decidí volver a visitar esos lugares en un futuro cuando mis tareas me lo permitieran. A ambos lados del río había hermosas casas, rodeadas de terrenos bonitos que surgían directamente de la orilla del agua.

Formaban un panorama que el ojo nunca se cansaba de contemplar. Llegando al final del viaje, pasamos por la hermosa casa de mi hermana. Pudimos verla a ella y a su marido claramente contemplando la escena con los ojos embelesados desde la ventana de su habitación.

Frank y yo fuimos casi todo el viaje a casa en silencio. Sin embargo, ambos notamos las señales de la vida doméstica feliz que nos rodeaba a cada lado. Las terrazas y escalones de las casas por las que pasamos estaban llenas de felices habitantes. Se podían oír voces contentas constantemente, y alegres gritos de risa procedentes de los grupos de niños que jugaban en el césped.

Una vez rompí nuestro silencio diciéndole a Frank: "Varias veces me habían sorprendido gratamente las canciones familiares de la tierra aquí en el cielo, pero nunca tanto como hoy. Ese himno siempre ha sido mi himno favorito".

"Estas felices sorpresas no se producen por casualidad", respondió él. "Uno de los placeres de esta excepcional vida es que nunca se pasa por alto una ocasión de reproducir los disfrutes puros de nuestra vida mortal aquí en el cielo. Al Padre le agrada que nos demos cuenta de que esta existencia es una continuación de la vida primera, sólo que sin sus imperfecciones y afanes".

"Frank, creo que eres el único de nuestros amigos aquí que nunca me ha preguntado sobre los seres queridos que se quedaron atrás. ¿Por qué?".

Él sonrió con una sonrisa peculiarmente feliz al responder: "Quizá sea porque ya sé más de lo que tú me puedas contar".

"Me preguntaba si ese era el porqué", dije yo. Recordaba bien cómo mi querido padre había dicho, hablando de mi cuñado en mi llegada: "Él está muy cerca del Maestro", y sabía que era enviado muy a menudo a realizar misiones al mundo de abajo.

Cuando regresamos, me tumbé en mi sofá con mi corazón rebosante de gozo, y gratitud, y amor.

Capítulo 12

ENCUENTRO CON AMIGOS ESPECIALES

Ocurrieron tantas cosas, y tan rápidamente, desde mi entrada por las hermosas puertas que es imposible poder transcribirlo todo. Sólo he podido narrar algunos incidentes seleccionados. Al hacerlo, hubiera relatado con gusto muchas cosas, pero las he omitido inconscientemente.

De los muchos amigos, sólo he mencionado a unos pocos; la razón es que esos encuentros son tan parecidos en muchas cosas que la constante repetición detallada sería algo aburrido.

Principalmente me he centrado en dar los incidentes que muestran la bonita vida doméstica en ese mundo feliz. He intentado ilustrar la reverencia y el amor que todos los corazones sienten hacia la bendita Trinidad por cada regalo bueno y perfecto. He intentado mostrar el maravilloso poder del amor de Cristo incluso en la vida más allá de la tumba.

Renovación de viejos vínculos

En el cielo, se renovaron muchos vínculos que en algún momento se cortaron en la vida mortal. Recuerdo caminar una vez cerca de la casa de la Sra. Wickham, poco después de mi primera y memorable visita allí. Me sentí atraída por una casa modesta pero muy bonita. Estaba casi escondida por unos rosales exquisitos que trepaban, y cuyas flores de color blanco crema no tenían comparación con ninguna rosa que hubiera visto jamás en el cielo o en la tierra. Al encontrarme con la Sra. Wickham, le señalé la casa y le pregunté: "¿Quién vive ahí?".

"Por qué no lo comprueba por usted misma", dijo ella.

"¿Es alguien que conozco?", pregunté.

"Creo que sí. Mire, hay alguien de pie en la puerta esperándola".

Crucé por el camino blanco y la alfombra enramada, y antes de que pudiera subir los escalones, dos brazos amorosos me abrazaron.

"Rebecca Springer, estaba segura de que eras tú cuando te vi que ibas con la Sra. Wickham. ¿No te dijo que yo estaba aquí?".

"No tuvo la oportunidad de hacerlo hasta ahora", dije. "Pero querida tía Ann, tarde o temprano te hubiera encontrado. Estoy segura de que lo sabías".

"Sí, sé que lo harías".

Luego le conté mi visita a la Sra. Wickham. Me escuchó con su rostro lleno de simpatía, y entonces dijo: "Querida, no tienes que contarme nada. Cuando el Maestro llega para alegrar mis ojos, ¡yo tampoco pienso ni me preocupo de nada! ¡El gozo y la paz de saber que estoy segura en este bendito cielo! ¡Es algo que sobrepasa cualquiera de nuestros sueños terrenales en esta divina vida!".

Se sentó durante un instante perdida en el pensamiento, y luego dijo melancólicamente: "Ahora, háblame de mis hijos. ¿Vienen?".

Llené su corazón de alegría con todas las alentadoras noticias que pude darle de sus seres queridos. Recordamos muchas memorias de la vida terrenal, de amigos, de casa y de vínculos familiares. Expresamos cómo anticipábamos la futura llegada de aquellos a quienes incluso los gozos del cielo no podían desterrar de nuestros corazones.

Otra reunión

Después, como muchos de nuestro querido círculo familiar se reunieron con nosotras en la gran sala de las flores, oímos un paso sobre la terraza. Cuando Frank fue a abrir la puerta, una gentil voz dijo: "¿Es cierto que está aquí la Sra. Springer?".

"Sí, aquí está. Pasa a comprobarlo por ti misma".

Y la dulce Mary Green entró en la habitación. "¡Me alegro de darte la bienvenida a casa!", dijo. Venía hacia mí con las manos abiertas y mirándome con sus ojos tiernos y fervientes.

"¡Mi preciosa niña!", grité, abrazándola junto a mi corazón. "He estado preguntando por ti y deseando verte".

"Apenas pude esperar a llegar aquí cuando oí que habías venido. Ahora, ¡cuéntame todo, todo!", dijo ella mientras la guiaba a un asiento cerca de mí.

Tras una larga y cercana conversación, la llevé a la biblioteca donde el resto había ido a examinar un nuevo libro que recibí ese día. Se la presenté a todos como la hija de unos queridos amigos aún en la tierra, sabiendo que le darían una buena bienvenida. Mi hermana más pequeña y ella se interesaron enseguida la una por la otra, al descubrir similitudes en muchas de sus actividades preferidas. Me alegré al pensar que verían mucho de cada una en diferentes formas.

No medíamos el tiempo como lo medimos aquí, aunque muchos aún hablan en el lenguaje mortal de *meses* y *días* y *años*. No tengo manera de describirlo como a mí me parecía allí. Había tiempo para actividades felices, tiempo para gozosos placeres y tiempos para alabar en santidad. Sólo sé que todo era armonía, gozo, paz, siempre y en todas las condiciones.

Capítulo 13

REUNIÓN DE UNA MADRE CON SU HIJO

La corriente de mi vida fluía según los caminos celestiales, y mis estudios ascendieron más en la escala de los misterios celestiales. Nunca me cansé de estudiar, aunque gran parte se enseñaba y se obtenía a través de la observación en los viajes que me permitían hacer con Frank a diferentes partes del reino celestial.

Nunca me faltó tiempo para disfrutar de los placeres sociales, porque no hay colisión de actividades con las ganas, no hay deseos incumplidos, no hay lucha en vano para lo inalcanzable en esa vida, como ocurre en la vida de la tierra.

Muchos momentos preciosos de comunión los pasábamos en la casa de mi querido padre. A veces, en raras ocasiones, me permitían acompañarle a su lugar de trabajo y ayudarle a instruir a los que habían entrado recientemente a la nueva vida. Tenían muy poca o ninguna preparación para sus tareas y responsabilidades.

Un hijo rebelde

En una ocasión me dijo: "Tengo el problema más difícil que he tenido que afrontar desde que estoy en este trabajo. Es cómo iluminar y ayudar a un hombre que de repente se retiró de una vida aparentemente honorable para adentrarse en las profundidades de la delincuencia. Nunca pude hacer que me acompañara al río, donde esas telarañas terrenales se limpian de su pobre cerebro. Su excusa es siempre que la misericordia de Dios es tan grande al permitirle estar en las puertas del cielo que está contento de quedarse ahí siempre en su escala más baja de disfrute y vida. Ninguna razón o enseñanza le ha ayudado hasta ahora a cambiar su decisión.

"Se apartó por una mujer de la cual se encaprichó y mató a su madre anciana para asegurarle las joyas a esa miserable criatura. Fue juzgado por su crimen, del cual terminó sinceramente arrepentido, pero dejó la vida con todo el horror de la obra aferrada a su alma".

"¿Ha visto a su madre desde que está aquí? ¿Sabe ella que ha llegado?".

"No, ella está totalmente sola en este mundo. Se pensó que no era sabio anunciarle su llegada hasta que su alma estuviera en una mejor condición para recibirla. Era hijo único y no le faltan elementos de finura, pero estaba totalmente bajo el control de esa mujer vil y a la vez fascinante. Se dice que ella le puso droga en el vino y le hizo hacer la temeraria obra bajo su influencia, porque ella odiaba a su madre. Cuando él se recuperó de la influencia del vino, quedó horrorizado por lo que había hecho. Su encaprichamiento de la mujer se convirtió en odio, ¡aunque ya era demasiado tarde! Rehusó verla durante todo su encarcelamiento".

"¿Cuánto tiempo estuvo en la cárcel?".

"Casi un año".

"¿Ha visto al Maestro?".

"No, ruega no verle. Está muy arrepentido y agradecido de ser salvo de la ira que siente que era su justo castigo. Aunque es consciente de que su pecado ha sido perdonado, no siente que pueda estar jamás en la presencia del Santo. Y aquí, como en la tierra, cada uno debe querer recibirle. Su presencia nunca se nos impone. Aún no he solicitado la ayuda de más arriba. Mi ambición es guiar a estas almas débiles hacia arriba por medio de la fuerza que me han encomendado. ¿Podrías sugerirme algo que pudiera enseñarle?".

"Su madre. ¿Puedo traerla?".

Pensó un instante meditativamente y luego dijo: "La intuición de una mujer. Sí, tráela".

Amor de madre

Pronto me hallaba de camino. Encontré a la pobre mujer, le conté lo sucedido con amabilidad, y esperé a que tomara una decisión. No lo dudó, y al instante dijo: "¡Mi pobre hijo! Claro que iré con usted ahora mismo".

Encontramos a mi padre esperándonos, y fuimos inmediatamente a la gran casa donde estaban esos estudiantes. Era un edificio hermoso en medio de un parque con paseos sombreados y fuentes y flores por todas partes. Para alguien que acaba de ser liberado de la tierra, le parecería el paraíso, pero para los que ya hemos probado los gozos excepcionales del cielo, faltaba algo. Echábamos de menos las encantadoras casas, a los niños jugando en el césped, la música del coro angelical. Era un tanto insulso, no cabe duda, viendo las otras cosas que habíamos probado.

Encontramos al joven sentado bajo uno de los árboles cargados de flores, estudiando atentamente un libro que mi padre le había dejado. Había una mirada de paz en su pálido rostro, pero más bien parecía la mirada de la paciente resignación que el gozo incontenible. Su madre se acercó sola a él. Mi padre y yo nos quedamos atrás. Tras un rato, alzó su mirada y vio a su madre de pie cerca de él.

Un aspecto de sobresalto apareció en su rostro, y se puso en pie. Ella le extendió sus brazos y gritó con voz lastimera: "John, mi querido hijo, ven a casa conmigo. ¡Te necesito!". Eso fue todo.

Con un bajo clamor, él se postró a sus pies y se aferró de sus rodillas, sollozando: "¡Madre! ¡Madre!".

Ella se inclinó y puso sus brazos alrededor de él. Abrazó contra su pecho la cabeza del joven y le llenó de besos su inclinada cabeza. Oh, el cálido amor de una madre, ¡es igual en el cielo que en la tierra! Sólo el amor de Cristo puede superarlo. Ahí estaba esta madre desalentada, enviada a la eternidad por manos de aquel que debía haberla protegido y mantenido, doblándose sobre su arrepentido hijo con el amor de madre. Su gozo y amor brillaban sobre él en sus ojos tiernos de madre.

Vi que mi padre giraba su cabeza para disimular su emoción, y me di cuenta de que mis propios ojos estaban húmedos. Mi padre le había explicado a la madre que lo primero que había que lograr era hacer que su hijo fuera al río. Ahora le oímos decir acariciándole: "Vamos John, hijo, comienza a caminar, hazlo por tu madre, para que a su tiempo pueda yo tener el gozo de verte en nuestra propia casa. Ven con tu madre, John".

Ella le atrajo amablemente, y para nuestra gran alegría le vimos levantarse e irse con ella. Sus pasos les llevaban al río. Caminaron de la mano, y hasta donde pudimos verles, parecía que ella le estaba calmando y consolando.

"Ahora ya no habrá más problemas", dijo mi padre. "Cuando regresen, él verá con más claridad". Y así fue.

Después de esto, con permiso divino, me convertí en colaboradora de mi padre, y así disfruté de su compañía y sus instrucciones con más frecuencia de lo que lo habría hecho.

Capítulo 14

La mejor reunión de todas

En una ocasión, me senté a descansar sobre la terraza de arriba de nuestra casa. Acababa de regresar de un viaje de algún modo agotador a una ciudad lejana del ámbito celestial. Desde esta parte de la terraza veíamos excepcionales destellos del río a través de las ramas colgantes de los árboles. Justo debajo de nosotros, a poca distancia, pudimos ver a los niños felices jugando en el césped.

Aquí me encontró Frank, y arrojándose en una mullida sala de la terraza, se quedó tumbado un rato sin moverse y en silencio. Parecía tan cansado como alguien pudiera estar en esa vida, pero no sentí preocupación por él. Había estado inmerso en alguna misión terrenal. Sabía que parte de la fatiga y preocupación de la tierra se nos pega en esas ocasiones, hasta que somos restaurados con el relajante aire del cielo y las aguas vivificantes.

No me había contado, como a veces hacía, dónde le había llevado su misión. Y yo no le pregunté, pues estaba segura de que si tenía que saber algo, él me lo contaría. Mis propias actividades recientes habían sido excepcionalmente responsables, llevándome a una parte lejana del reino celestial. Había empleado todas mis energías en la obra que el Maestro me había asignado.

Buenas noticias

Tras un tiempo de descanso, Frank se levantó y se puso en posición de sentado, y mirándome en silencio un momento, dijo gentilmente: "Tengo noticias para ti, hermanita".

Una emoción como una corriente eléctrica me atravesó, y en un instante clamé de gozo: "¡Él va a venir!".

Él asintió con su cabeza, con una empática sonrisa, pero no respondió al instante.

"Fue golpeado de repente en medio de su trabajo, y aunque aparentemente tiene buena salud no ha recuperado la conciencia, ni lo volverá a hacer en la tierra".

"¿Cuándo fue eso?".

"Hace tres días. He estado con él casi constantemente día y noche desde entonces".

"¿Por qué no me lo dijiste antes?".

"Se pensó que sería sabio ahorrarte el dolor innecesario de saber que estaba sufriendo cuando no podrías ministrarle".

"¿Me conocerá cuando pase esa lucha?".

"Sí, pero estará desconcertado y débil. Necesitará una guía y ayuda mayor de la que tú sola le puedas dar. Te perderás la desbordante alegría del encuentro, que ocurrirá un poco más tarde".

"¿Qué debo hacer? Sabes que me someteré a tu sabio juicio incluso en contra de lo que me pida el corazón".

Una reconfortante visita

"No voy a decirte: 'No vengas'. Puedes acompañarme si lo deseas. Sólo pienso que después del primer desconcierto por el cambio que ha sufrido, después de haberse bañado en las aguas del río de la vida, estará mejor preparado para tener una buena reunión. Tú te acuerdas lo que las aguas te aportaron a ti y lo perpleja y oprimida en espíritu que estabas hasta que entraste en el río. Nos ocurre lo mismo a todos; pero cuando ha habido problemas graves con el cerebro, es incluso más necesario que en las ocasiones normales, y este es el caso de tu hermano. No será él mismo hasta que las aguas limpiadoras se lleven las nubes de su cerebro".

"Tienes razón Frank, como siempre. Aceptaré tu sabio consejo, aunque mi corazón quisiera correr a su lado. ¿Cuándo regresarás con él?".

"Inmediatamente. Hay poco tiempo de espera. Mi fuerte, sabia y pequeña hermana, la espera no será ni triste ni larga".

Se levantó, e inclinándose hacia mí, me dio un beso ligeramente en la frente. En un momento, desapareció de mi vista.

"Qué extraño", pensé, "que incluso en este asunto, tan cercano a mi corazón, ¡sea capaz de aceptar esto sin queja alguna! Padre, ¡gracias! Gracias por la alegre reunión que tan pronto tendré. Pero aún más te doy gracias por la dulce sumisión en todas las cosas que se ha desarrollado en mi vida. Puedo aceptar tu voluntad incluso cuando tú permites que sea de otra forma".

Incliné la cabeza sobre mi mano y entretuve una mezcla de pensamientos tristes y alegres. ¿En verdad este ser tan querido para mí no estaría siendo consciente de su sufrimiento? ¿Le estaría librando el Padre del dolor de la partida? ¡Cuánto daría porque llegara ya! ¡Cómo esperaba incluso ese tiempo corto el poder ver el rostro de este ser tan querido!

De repente, un tierno toque descansó sobre mi cabeza inclinada. Una Voz que había aprendido a reconocer y amar por encima de cualquier otra cosa en la tierra o el cielo dijo: "¿En verdad no he dicho: *'aunque esté muerto vivirá'* (Juan 11:25)? ¿Qué importancia tienen los años de separación cuando en breve volverán a estar juntos? Vamos, pensemos un poco juntos". El Maestro sonrió cuando alcé mi rostro. Tomó mi mano en la suya, y sentándose a mi lado, continuó: "Consideremos lo que te ha aportado estar aquí. ¿No sientes que estás infinitamente más preparada para dar felicidad que cuando te separaste de aquel a quien amas?".

Yo asentí en alegre afirmación.

"¿No te das cuenta de que estás en un plano más alto con ideas más elevadas sobre la vida y sus tareas? En la fuerza del Padre, los dos caminarán hacia arriba juntos".

De nuevo, me sometí alegremente.

"¿Es la vida aquí menos atractiva que en la tierra?".

"¡No, no! ¡Mil veces no!", clamé yo.

"¿Entonces no habrá otra cosa que gozo en la reunión que viene?".

"Sólo gozo", repetí yo.

El secreto del matrimonio

Luego el Salvador me llevó a hablar de aquel que llegaría pronto. Abrí mi alegre corazón a Él y le conté la noble vida, el trabajo desinteresado, las altas aspiraciones, la firme confianza de aquel a quien amaba. Hablé de su fuerza en las desgracias, de su valor ante las dolorosas pruebas y decepciones, de su perdón de las peores ofensas. Y luego terminé diciendo: "Él vivió el cristianismo que muchos otros tan sólo profesaban. Siempre me superó en eso".

El rostro del Maestro resplandecía de empatía mientras yo hablaba. Cuando terminé, dijo: "Percibo que has descubierto el secreto del matrimonio".

Continuó conmigo hasta que mi alma se elevó como una alondra. Reveló misterios de la vida del alma que llenaron mi corazón de éxtasis, pero que no puedo revelar aquí. Finalmente, para mi infinita sorpresa, vi el rosáceo resplandor aumentando en el cielo. El Maestro se levantó, y señalando lo radiante, dijo: "Cuando estés lista para recibirlos, estarán aquí". Con una sonrisa y un toque que se convirtió en una bendición, se fue.

Una alegre canción

Cuando me levanté para ponerme en pie, oí las notas triunfantes de la canción del coro de ángeles. Como si escucharan mis pensamientos, cantaron: "¡Ha resucitado! ¡Escúchenlo, oh cielos e hijos de la tierra! ¡Ha resucitado, y ha venido a ser primicias de los que durmieron!".

Elevé mi voz con gozo y me uní a su emocionante canción. Según avanzaban y la melodía se perdía, bajé lentamente las escaleras, crucé el césped cuyas flores nunca se aplastaban ni marchitaban al pisarlas y me metí en las puras aguas del río. No sentí prisas, ni alguna extraña emoción o inquietud, aunque sabía que él venía. La presencia del Maestro me había llenado de una calma y paz que nada podía alterar. Me había preparado para las grandes alegrías que me esperaban.

Levantada con un nuevo y extraño deleite, volví a cruzar el césped para hacer un ramo de rosas blancas, y las puse junto a mi pecho. Luego volví a llenar el cuenco dorado en la biblioteca con los atractivos claveles rojos, dejando uno aparte para ponerlo sobre el hombro de mi marido. Quería juntar personalmente las flores con las que le daría la bienvenida. Me arreglé el peinado de la forma que más le gustaba y me puse un capullo de flor blanca entre los pliegues.

Pronto oí las voces y los pasos. ¡Oye! Sí, son los mismos pasos que tantas veces había escuchado en la vieja vida en casa. ¡Sus pasos siempre me alegraban el corazón y traían luz a nuestro hogar! ¡Sus pasos en el cielo! Volé a la entrada, y en un instante, estaba junto al querido y palpitante corazón de mi amado esposo.

Frank, con profundo cuidado y respeto, subió a las habitaciones superiores de la casa. Durante un rato estuvimos juntos a solas, nosotros cuyas vidas habían sido tan felices a través de los largos años de nuestra vida mortal. Le llevé a la casa, y en el vestíbulo, me volvió a tomar entre sus brazos y me abrazó contra su corazón.

"¡Así que este es el cielo", dijo.

Pasamos a la habitación de las flores, y estuvo de pie un momento en el umbral, encantado con su belleza, pero cuando comencé a contarle su historia, como Frank me la había contado a mí, dijo: "Hoy no, querida".

Así que nos sentamos y hablamos. Nuestro hermano, Frank, había venido con nosotros, y juntos recorrimos toda la casa. Subimos a las anchas terrazas y comimos del fruto celestial. Luego nos sentamos juntos donde yo había pasado el tiempo esperando en la presencia del bendito Maestro. Les conté gran parte de lo que Él me dijo y cómo cambió mi espera en un gozo triunfante. Los ojos de mi querido esposo estaban llenos de lágrimas, y tomó mi mano con tierna simpatía.

"¡Oh, querido, es una vida bendita, bendita!", dije yo.

"Ya me doy cuenta de esa bendición", respondió él.

Una reunión familiar

Les dije a mi esposo y a Frank: "Tenemos que ir con papá y mamá Springer".

"Sí, vamos ahora", respondieron los dos.

Así que nos fuimos juntos. Había visitado frecuentemente y con gozo la casa de los padres de mi esposo. Encontraba un cálido lugar en sus corazones. Ahora les estábamos llevando a un hijo especial, y me di cuenta de cómo su llegada trajo una gran alegría a su corazón y su hogar. Fue una reunión muy alegre, especialmente para nuestra madre.

Cuando nos dispusimos a entrar, en el umbral nos encontramos con una tía que fue ciega e incapacitada en la tierra y que había sido muy especial para todos nosotros.

"Mis queridos hijos", exclamó, "¡qué alegría volver a verlos nuevamente!".

"¡Tía Cynthia!", dijo mi esposo cariñosamente.

"Sí, tía Cynthia, pero ya no estoy incapacitada ni en oscuridad: *'habiendo sido yo ciega, ahora veo'*" (Juan 9:25), citó ella, sonriendo felizmente.

Y sucedió que el toque del Maestro había descansado sobre sus ojos sin vista, y habiendo estado cerrados a la oscuridad de la tierra, se abrieron en las glorias del cielo. ¡Maravillosa transición! No es de extrañar que la dejáramos cantando:

Gloria a Él que ha hecho esta maravilla,
¡Llenando mi espíritu con gozo y alegría!
He aquí, en mi ceguera he caminado
sin ningún percance
¡De las tinieblas a la luz!

Capítulo 15

El mar celestial

Nuestra vida era perfecta, aunque anticipábamos con gozo la futura llegada de nuestro hijo y nuestra hija para que todo estuviera completo. A menudo habíamos hablado de ir juntos al gran mar celestial, pero nunca nos parecía que fuera el momento indicado para ello. Nos dimos cuenta de que era uno de los grandes misterios del cielo, aunque no sabíamos qué esperar. Una vez le dije a Frank: "Tengo un extraño deseo de ir al mar, si crees que es sabio que lo hagamos".

"Me alegra que desees ir, porque también es mi deseo llevarlos. Estaba a punto de proponer que tú y mi hermano hicieran ese viaje juntos".

"¿No nos acompañas?".

"En esta ocasión no. Iremos todos en otro momento. Pero lo mejor es que vayan ustedes dos solos esta vez. Conoces el camino.

Atraviesa el bosque que llega hasta el templo hasta que estén casi allí. Luego tuerce a la derecha y sigue el camino dorado que lleva directamente a la orilla".

Así que nos fuimos. Íbamos llenos de un gozo santo por poder hacer este viaje especial junto. Atravesamos el gran bosque donde la hermosa luz caía a través de las ramas que había sobre nosotros. Había pájaros preciosos volando rápidamente por todos lados. Oímos el típico sonido de las olas golpeando contra la orilla, y oímos estallidos de una canción triunfante y la armonía de muchos instrumentos de música. Finalmente emergimos del bosque y nos quedamos mudos y sin movernos ante la irresistible gloria de la escena que teníamos ante nosotros.

¡La gloria de todo!

¿Puedo describirlo como lo vi ese día? No hasta que mis labios puedan hablar y su corazón pueda entender el lenguaje de las cortes reales en las alturas. Desde nuestros pies, una playa dorada descendía hasta la orilla. Tenía muchos cientos de metros de ancha y se extendía por todos lados más allá de los límites de nuestra visión. Esta playa atrapaba e irradiaba la luz hasta que relucía como el polvo de diamantes y otras piedras preciosas.

Las olas, en su constante ir y venir, atrapaban esta arena resplandeciente y la llevaba en sus olas. ¡Y el mar! Se extendía ante nosotros con un resplandor que sobrepasa cualquier descripción en cualquier lenguaje que jamás hubiera conocido. Era como la gloria blanca que brillaba a través de las ventanas del templo. Debajo, esta gloria brillante, vimos el tono azul de las olas del mar, el cual no tenía límites en su profundidad ni en sus fronteras.

Sobre su brillante regazo vimos, en todas direcciones, barcos que representaban a todas las naciones. Pero su belleza excedía con mucho a cualquier cosa que la tierra haya conocido jamás. Eran como barcazas grandes y abiertas al deleite, y estaban llenas de gente mirando la orilla con entusiasmo. Muchos, en su entusiasmo, estaban de pie y mirando con unos ojos de expectación y deseo los rostros de los que estaban en la orilla.

¡Oh, la gente de la orilla! Tan innumerables como *"la arena del mar"* (Jeremías 33:22; Oseas 1:10; Romanos 9:27) ahí estaban de pie, tan lejos como los ojos nos alcanzaban, tan lejos como se extendía la orilla de ese mar sin límite, una gran masa de hermosas almas vestidas con sus túnicas sin mancha de los redimidos. Muchos de ellos tenían arpas doradas y varios instrumentos de música. Cuando un barco tocaba la orilla, sus pasajeros eran bienvenidos con las alegres voces y tiernos abrazos de sus seres queridos. Luego se sostenían las arpas en alto, sonaban todos los instrumentos dorados y la vasta multitud irrumpía en una triunfante canción de victoria sobre la muerte y la tumba.

"Me pregunto si estas personas están siempre aquí", dije en voz bajita.

"No las mismas personas", dijo un ser radiante que estaba cerca de nosotros y que había oído mi pregunta. "Pero siempre hay aquí una multitud de gente, esperando a amigos de la otra vida, y los que se acercan para compartir su alegría. Algunos de los coristas celestiales están siempre aquí, pero no son siempre los mismos. Notarán que la mayoría de los que llegan son guiados discretamente por sus amigos, y muchos otros se unen constantemente a la multitud". Siguió avanzando hacia la orilla y nos dejó envueltos en asombro.

Maravillosos encuentros

Enseguida nos interesamos mucho por ver los encuentros y nos unimos con éxtasis a las alegres canciones de regocijo. De vez en cuando veíamos algún rostro familiar entre los ilusionados rostros en las barcas, pero no había ninguno que fuera especialmente querido para nosotros. Aún así nos hizo observar más de cerca y simpatizar mejor con los que daban la bienvenida a los queridos amigos. Quizá veíamos a una mujer siendo abrazada por su esposo que la esperaba, o un niño con un alegre grito se reunía con los brazos abiertos de una madre feliz. Un amigo le daba un abrazo a otro amigo en un alegre encuentro, y una madre de avanzada edad abrazaba contra su pecho a un hijo querido.

Con la llegada de un barco extraordinariamente fuerte y bello moviéndose ligeramente entre las olas, observamos la alta figura de un hombre que estaba de pie cerca del frente con sus brazos alrededor de una mujer que estaba de pie a su lado. Ambos se cubrían los ojos deslumbrados por el excepcional resplandor, buscando con anhelo e interés entre los rostros de la multitud a medida que el barco se acercaba a la orilla. De repente, con un gran grito de gozo que surgió desde mi interior, clamé: "¡Es nuestro precioso hijo y su querida esposa! ¡Han llegado juntos!".

En un instante nos estábamos moviendo rápidamente a través de la multitud, la cual se apartaba para facilitarnos amablemente el paso. Y cuando el barco tocó la orilla, ambos estaban a nuestro lado, la querida hija, abrazando ya a sus felices padres, que estaban esperando bien presentados al borde del agua, y nuestro querido hijo abrazándonos. Pronto estábamos todos abrazados. ¡Qué momento tan emocionante! Nuestra vida en el cielo estaba completa, no nos volveríamos a separar nunca! Mientras estábamos de pie abrazados, sin darnos apenas cuenta de la inesperada dicha, el coro celestial irrumpió en una canción. Con los rostros elevados radiantes de gozo, los ojos llenos de lágrimas de alegría y las voces temblando de emoción, todos nos unimos en un alegre himno de alabanza.

¡Gloria sea al Padre, y al Hijo!
¡Gloria sea a la bendita y eterna Trinidad!
No más lamento, ni despedidas;
no más pena ni dolor;

Cristo ha roto las fuertes cadenas de la muerte,
¡Y somos libres de nuevo!
¡Aleluya! ¡Amén!

La canción se elevó y aumentó triunfalmente a medida que la gran multitud se unió a ella. El movimiento de las olas le dio un profundo trasfondo a la melodía que hizo que aumentara su solemnidad. Con las cabezas inclinadas y los corazones llenos, avanzamos de la mano. La luz que había sobre nosotros era más pura, más santa y más divina que nunca antes.

Capítulo 16

TERMINA LA VISIÓN

Después llegó el momento en el que estaba de pie en mi encantadora habitación que se había convertido en un lugar sagrado para mí. Me acerqué al sofá para tumbarme un momento. Pero unos pensamientos e ideas extrañas treparon por mi cerebro. Me sentí confundida y desconcertada. Me levanté con nerviosismo de mi almohada, sólo para volver a tumbarme con dudas, casi con terror. ¿Qué podía significar eso? ¿Podría el viejo malestar de la tierra entrar en este refugio divino?

Después oí unas voces que no me eran conocidas. Alguien dijo: "Creo que tiene ahora mejor color que en los últimos días. Sí, no cabe duda que hoy está mejor. Ahora hay esperanza para ella, estoy seguro. Pero ha estado muy cerca de atravesar las puertas".

"¡Muy cerca de atravesar las puertas!". ¡Como si no las hubiera atravesado! ¡Al volver, dejé las puertas del cielo tan entreabiertas que destellos del resplandor celestial del más allá caerán sobre mi vida para siempre! Había estado en la casa de mi Padre. "¡Allí nos conoceremos!".

Capítulo 17

Reflexiones

Permítame reafirmar lo que ya he narrado: Nunca he dicho que esta excepcional experiencia sea ni una revelación ni una inspiración. Me vino durante un periodo de mi vida de gran sufrimiento físico, y siempre lo he considerado como una compensación por ese sufrimiento. Pero de todos modos, ha sido de gran consuelo y ayuda para mí. A través de las cartas que he recibido de otras personas, quiero creer que ha producido lo mismo en muchas personas que ya lo han leído. Estoy muy contenta por eso.

Desearía poder haber narrado toda la experiencia tal y como me llegó, pero nuestro lenguaje actual no es del todo apropiado. Había tantos misterios, tantas enseñanzas más allá de cualquier cosa que hayamos conocido en esta vida, que me encuentro desconcertada y perdida cuando intento expresar las cosas maravillosas que experimenté durante ese tiempo.

Preguntas sobre la visión

La pregunta que me han hecho repetidamente ha sido: "¿Fue una experiencia real o meramente un bosquejo descabalado?". Lo que he escrito hasta aquí responderá esa pregunta. El prefacio y las primeras páginas son todo lo precisas que puedo hacerlas. Todo lo que debiera añadir aparte de eso sería simplemente algo superfluo.

Me han hecho preguntas sobre las distancias comparativas en el cielo, nuestros poderes de pasar de un punto a otro, y si en la otra vida tenemos alas que nos ayudan en la travesía. Estas preguntas prosaicas a veces son bastante difíciles de responder. Creo que si realmente estuviéramos en la otra vida, como parece que estuve en esta experiencia, mis pensamientos estarían tan por encima de asuntos tan temporales que no sería capaz de responder bien a estas preguntas en mi regreso a esta vida.

Mirando ahora hacia atrás, e intentando reunir hechos de las impresiones que recibí entonces, diría que nadie que haya dejado la vida mortal ha cambiado de forma alguna en cuanto a su apariencia personal actual salvo por el hecho de ser etéreo y glorificado.

Cuando estuve en ese maravilloso templo lleno de la gloria de Dios Padre, cuatro ángeles con trompetas en alto estaban de pie al lado del altar de oro sobre la gran plataforma de perla. De sus hombros, unas alas les envolvían y tocaban el piso sobre el que estaban. Y en un momento de perplejas emociones, elevé mis ojos a la cúpula llena de la nube. Allí vi las alas que medio cubrían las arpas y los instrumentos dorados del coro celestial.

También, cuando vi por primera vez al Salvador, oímos las voces de los ángeles mientras estábamos de pie juntos en la gran habitación de las flores. Al mirar hacia arriba, vi los rostros de los querubines en la luz dorada que había sobre nosotros, y ellos también tenían unas delicadas alas, medio cubriendo con ellas sus divinas formas. Salvo por esto, no recuerdo haber visto ninguna de esas alas gloriosas de las que tan a menudo leemos.

A mí me parece que les son dadas a los ángeles de Dios que siempre han vivido en el cielo. Para nuestros amigos, cuando nos vieron allí, nosotros éramos como nos veían aquí, sólo que purificados y perfectos. Sin embargo, nos dieron el poder de la locomoción que nos llevaba de un punto a otro de forma rápida y segura, como llevados por un barco sobre el agua.

Un viaje extraño

No sé cómo puedo ilustrar mejor este punto que contando un pequeño incidente que no he mencionado antes. Recuerdo estar sentada una vez en la terraza de arriba en casa de mi hermana. Me dijo: "A menudo miro al otro lado del río a esas encantadoras colinas en la distancia y me pregunto si allí todo es tan bonito como aquí. Tengo la intención de ir pronto para verlo".

"¿Por qué no vamos ahora?", fue mi respuesta.

"¿Puedes venir conmigo ahora?", preguntó mientras giraba su rostro radiante nuevamente hacia el río y los maravillosos campos en la distancia.

"Con mucho gusto", respondí, "yo misma he deseado ir varias veces. Hay algo muy atractivo en el bello paisaje más allá del río. ¿Dónde está Frank?", pregunté. "¿Nos acompañará?".

"No", dijo ella, mirándome con una sonrisa, "se ha ido a una misión importante para el Maestro. Pero tú y yo podemos ir querida, y estaremos de vuelta antes de que él regrese".

"Entonces vayamos ahora", respondí, poniéndome en pie y dándole mi mano.

Ella se levantó enseguida, y en vez de dirigirnos hacia las escaleras del centro de la casa, nos dirigimos caminando deliberadamente hacia la pendiente que rodeaba la terraza superior. Sin dudarlo un instante, saltamos al dulce vacío que había delante de nosotras. Teníamos el mismo temor de caer como si fuéramos caminando sobre el suelo. Teníamos la capacidad de atravesar el aire y el agua a nuestro antojo, como teníamos la capacidad de caminar sobre los caminos de cristal y el césped.

Subimos ligeramente hasta que estuvimos justo encima de las cimas de los árboles, y luego, ¿qué puedo decir?, no volamos; no hacíamos nada ni con las manos ni con los pies. Sólo se me ocurre la palabra *movimiento* para describir esta maravillosa experiencia. Nos fuimos como una hoja o una pluma flota en el aire en un día hermoso, y la sensación era muy agradable.

Por debajo vimos, a través de las verdes ramas de los árboles, a los niños jugando y las personas caminando, algunos por placer, otros en alguna tarea. Al acercarnos al río, miramos hacia abajo a las barcas de recreo y a la gente sentada o tumbada o caminando por el fondo lleno de piedras. Les vimos con la misma claridad que tendríamos si simplemente les estuviéramos mirando a través de la atmósfera.

Conversando mientras nos desplazábamos hacia adelante, pronto estábamos sobre las cimas de los montes que eran nuestro destino. Durante algún tiempo, no intercambiamos palabra alguna. Nuestros corazones estaban llenos de sensaciones que sólo las escenas del cielo pueden dar. Luego mi hermana dijo en voz muy bajita, citando uno de los antiguos himnos de la tierra: "Dulces parajes más allá del cúmulo de las aguas, de pie vestidos de un verde vivo".

Y, en el mismo espíritu, respondí: "Sin duda, es una imagen impresionante, que sube hasta nuestra vista. Dulces campos ataviados de verde vivo, y ríos de deleite".

Misioneros en el cielo

Continuamos, y comenzamos a ver muchos pueblos suburbanos parecidos a nuestra ciudad. Muchos de los edificios parecían bastante distintos a los nuestros en cuanto a la arquitectura. Le sugerí a mi hermana que bajáramos un rato. Al hacerlo, pronto nos dimos cuenta de lo que provocaba esa aparente diferencia en la arquitectura y los alrededores. Donde estaban situados nuestros hogares, estábamos rodeadas de gente que habíamos conocido y amado en la tierra, y ellos eran también de nuestra propia nacionalidad.

Muchos de estos pueblos sobre los que ahora estábamos pasando estaban formados por lo que, para nosotras, serían naciones extranjeras. Cada pueblo mantenía algunas de las peculiaridades de su herencia en la tierra, las cuales eran naturalmente desconocidas. Reconocimos de nuevo la sabiduría y bondad del Padre al permitir que amigos de la misma nacionalidad estuvieran situados cerca unos de otros en el cielo así como en la tierra.

Al avanzar hacia adelante y pasar por un valle exquisitamente hermoso, vimos a un grupo de personas sentadas en el suelo en semicírculo. Parecían cientos, y en medio de ellos había un hombre que, aparentemente, les estaba hablando. Algo familiar, y a la vez desconocido, nos atrajo, y dije: "Acerquémonos y oigamos lo que les está diciendo. Veamos quiénes son esas personas".

Al hacerlo, vimos que las personas se parecían un poco a las tribus indias. Su vestimenta, en cierta manera, correspondía a la que vestían en la tierra, aunque eran mucho más bonitas. Pero aún conservaban los rostros oscuros y el pelo negro largo. Los rostros, con un gran interés, estaban girados hacia el hombre que les estaba hablando. Al mirarle, vimos que era de raza anglosajona. En un susurro de sorpresa, le dije a mi hermana: "¡Es un misionero!".

Como ocurría a menudo cuando se presentaba una sorpresa o dificultad, siempre había alguien cerca para respondernos y hacernos entender. Y descubrimos así, en esa ocasión, que el instructor estaba a nuestro lado, listo para responder cualquier sorpresa o pregunta que pudiéramos hacerle. Nos dijo enseguida: "Sí, tienen razón. Es un misionero que entregó su vida por lo que en la tierra llamamos los paganos. Pasó muchos años trabajando para ellos y enseñando a los que estaban en oscuridad, dando como resultado, como ven ahora, que cientos entraran en el reino del Maestro. Pero, como naturalmente supondrán, tienen mucho que aprender. Aún les reúne para hacerles entender más y más sobre esta vida bendita".

"¿Hay muchas personas haciendo este tipo de trabajo en esta hermosa realidad?", pregunté.

"Muchos centenares", contestó. "Para estas pobres mentes, que no estaban iluminadas cuando llegaron por primera vez, el cielo es un lugar tan bonito y feliz como lo es para cualquiera que haya ascendido más alto, simplemente porque sólo podemos disfrutar en la capacidad que tiene nuestra alma. Todos nosotros tenemos aún mucho que aprender de este país maravilloso".

En varias ocasiones mientras nos desplazábamos sobre los pueblos, oímos canciones de alabanza que subían de los templos y de las personas reunidas de diferentes formas. En muchos casos, para sorpresa nuestra, los himnos y las palabras nos eran familiares, y aunque los cantaban en un lenguaje extraño, los entendíamos todos. Esa fue otra de las maravillosas sorpresas del cielo. No había ningún lenguaje allí que no pudiéramos entender.

Atravesamos una y otra vez maravillosas escenas de belleza, para regresar finalmente a nuestras propias casas por un camino distinto al que habíamos usado en la ida. Nos pareció que hicimos un círculo en nuestro viaje placentero. Cuando dejé a mi hermana en su casa, me susurró al despedirse: "Ha sido un tiempo de descanso maravilloso y placer. Tenemos que repetirlo otra vez pronto".

"Sí, querida, lo haremos".

El significado de la visión

En respuesta a la pregunta de si considero que esta experiencia haya sido una revelación, sólo puedo decir que la he contado tal y como la recibí. Cada persona debe sacar sus propias conclusiones al respecto. Yo no puedo ser guía para nadie.

Mirando atrás, a mí me parecen más una serie de instrucciones como las que les damos a los niños aquí en la escuela. No pretende ser una revelación de lo que ha sido o será, en el sentido estricto de la palabra, pero como ya he sugerido antes, es más como una lección de las que enseñamos a los niños en la escuela.

Al transcribir esta curiosa experiencia, personalmente observé el hecho de que la primera lección que debemos enseñar vino casi invariablemente como una ilustración. Y después de que mi asombro y agrado absorbieran todo lo que la imagen en sí pudiera enseñar, siguió la revelación o la aplicación general de su significado.

Por ejemplo, para hacerme entender con más claridad, cuando entré por primera vez por las puertas, me mostraron las maravillas de los jardines celestiales y el precioso río. Luego llegaron las reuniones con los seres queridos de los que me había separado hacía tanto tiempo. Y así llegué a conocer el éxtasis del espíritu en su primera entrada por las puertas del cielo.

Después, llegaron las instrucciones o primeras lecciones con respecto a esa vida en la que acababa de entrar, hasta que formaron una lección perfecta. Y cuando me encontré y le di la bienvenida a mi hermana, mi marido y mi hijo, conocí la otra parte de la pregunta: el gozo que produjo incluso en los ángeles del cielo cuando le dieron la bienvenida a los seres queridos que llegaban a ellos desde el mundo de abajo.

Y así, durante todo el libro, la lección estaba precedida invariablemente de la ilustración. Así, sólo puedo pensar, si se le puede dar algún significado a esta maravillosa visión, que simplemente es una lección general de lo que podríamos esperar encontrarnos cuando lleguemos a la otra orilla.

Rebosando agua pura

De nuevo, me preguntan: "¿Retiene esta experiencia su fuerza con el paso del tiempo, o se le hace menos real y más parecido a un sueño?". Se me pueden olvidar parcialmente algunas de las experiencias más felices de mi vida terrenal, pero parece que el tiempo no hace sino intensificar las maravillas de aquellos días cuando mis pies estuvieron en la frontera de los dos mundos. A mí me parecía que, con cada paso que dábamos en la vida divina, nuestras almas se dirigían hacia algo mejor. No teníamos la intención de mirar detrás de lo que ya había pasado o de intentar resolver lo que en nuestra vida mortal habían sido preguntas o misterios complejos o complicados. Como la copa que se llena hasta rebosar en la fuente con agua pura y chispeante, así nuestras almas estaban llenas, más que llenas, con agua de la fuente de todo bien. Ya no había espacio para nada más.

"Entonces", preguntará usted, "¿cómo se puede tener más cuando ya tiene todo lo que se puede recibir?". Porque nuestras almas crecían, y se expandían y se abrían para recibir influjos frescos de instrucción divina, la cual constantemente nos levantaba para acercarnos a la fuente de toda perfección.

Algunas de las cartas que me han llegado han sido tan patéticas en sus preguntas que me han causado lágrimas de compasión. Por tanto, tengo un intenso deseo de hablar con autoridad sobre la pregunta formulada. Sin embargo, Dios no me ha concedido ese privilegio. Sólo puedo decirle cómo viví ese tiempo dichoso cuando la tierra parecía remota y el cielo muy cercano y real.

A todos aquellos que han perdido a seres queridos, les diría: "Alcen su vista, queridos amigos, y vean a los seres queridos como yo vi a esos tan queridos para mí, felices y benditos más allá de toda comprensión humana en la casa de muchas mansiones preparadas para nosotros por nuestro Padre amoroso".

¡Esas maravillosas mansiones que mi corazón anhela volver a ver! Crean en ellas, anticípenlas, queridos amigos, porque tenemos la promesa del Salvador de que están ahí: *"En la casa de mi Padre muchas moradas hay"* (Juan 14:2).

Sus promesas nunca fallan. Y estoy segura de una cosa, que no serán menos hermosas que las que vi en mi visión.

Para concluir, sólo puedo reiterar que no soy profetisa, ni vidente. Pero, en lo más profundo de mi alma, honestamente creo que si los gozos del cielo son mayores, si las glorias que hay "en las puertas del cielo" son más radiantes que las que yo contemplé en mi visión, entonces no puedo entender cómo aún el espíritu inmortal puede soportar contemplarlas.

ACERCA DE LA AUTORA

La visión del cielo de Rebecca Ruter Springer fue publicada por primera vez a principios del siglo XX. La Sra. Springer estuvo inconsciente algunos días mientras la visión le era revelada; la visión misma cubre un periodo de años. Rebecca Springer dijo que cada persona tendría que sacar sus propias conclusiones sobre la visión, pero que ella la había relatado tal como le había llegado en aquel momento. Ella llegó a entender la visión como una serie de instrucciones básicas sobre el cielo en lugar de como una revelación del pasado o del futuro. Dijo que las instrucciones iniciales de la visión llegaron en forma de ilustraciones, en un estilo como si alguien estuviera enseñando verdades a niños. Entonces la aplicación y el significado de esas ilustraciones le fueron dados. Rebecca escribió: "Soy dolorosamente consciente del hecho de que nunca puedo describir para otros las escenas tal como me aparecieron durante esos maravillosos días....Con la esperanza de que puedan consolar y edificar a algunos que lo lean, tal como lo hizo entonces y como su recuerdo lo hará siempre por mí, entrego este imperfecto esbozo de una visión totalmente perfecta".